L'Ecureuil, le Chien et le Renard.

FABLES

DE

M. DE FLORIAN,

De l'Académie française, de celles de Madrid,
Florence, etc.

Je tâche d'y tourner le vice en ridicule,
Ne pouvant l'attaquer avec des bras d'Hercule.
LA FONT. , *Fables* , *liv.* 5 , x

LILLE,

Chez BLOCQUEL et CASTIAUX, Imprimeurs-Libraires.

1810.

DE LA FABLE.

Il y a quelque tems qu'un de mes amis, me voyant occupé à faire des fables, me proposa de me présenter à un de ses oncles, vieillard aimable et obligeant, qui toute sa vie avait aimé de prédilection le genre de l'apologue, possédait dans sa bibliothèque presque tous les fabulistes, et relisait sans cesse La Fontaine.

J'acceptai avec joie l'offre de mon ami: nous allâmes ensemble chez son oncle.

Je vis un petit vieillard de quatre-vingts ans à peu près, mais qui se tenait encore droit. Sa physionomie était douce et gaie, ses yeux vifs et spirituels ; son visage, son sourire, sa manière d'être, annonçaient cette paix de l'âme, cette habitude d'être heureux par soi, qui se communique aux autres. On était sûr, au premier abord, que l'on voyait un honnête homme que la fortune avait respecté. Cette idée faisait plaisir, et préparait doucement le cœur à l'attrait qu'il éprouvait bientôt pour cet honnête homme.

Il me reçut avec une bonté franche et polie, me fit asseoir près de lui, me pria de parler un peu haut, parce qu'il avait, me dit-il, le bonheur de n'être que sourd ; et, déjà prévenu par son neveu que je me donnais les airs d'être un fabuliste, il me demanda si j'aurais la complaisance de lui lire quelques-uns de mes apologues.

Je ne me fis pas presser, j'avais déjà de la confiance en lui. Je choisis promptement celles de mes fables que je regardais comme les meilleures; je m'efforçai de les réciter de mon mieux, de les parer de tout le prestige du débit, de les jouer en les disant, et je cherchai dans les yeux de mon juge à deviner s'il était satisfait.

Il m'écoutait avec bienveillance, souriait de tems en tems à certains traits, rapprochoit ses sourcils à quelques autres, que je notais en moi-même pour les corriger. Après avoir entendu une douzaine d'apologues, il me donna ce tribut d'éloges que les auteurs regardent toujours comme le prix de leur travail, et qui n'est souvent que le salaire de leur lecture. Je le remerciai, comme il me levait, avec une reconnaissance modérée, et, ce petit moment passé, nous commençâmes une conversation plus cordiale.

J'ai reconnu dans vos fables, me dit-il, plusieurs sujets pris dans des fables anciennes ou étrangères.

Oui, lui répondis-je, toutes ne sont pas de mon invention. J'ai lu beaucoup de fabulistes; et lorsque j'ai trouvé des sujets qui me convenaient, qui n'avaient pas été traités par La Fontaine, je ne me suis fait aucun scrupule de

m'en emparer. J'en dois quelques-uns à Esope,
à Bidpaï, à Gay, aux fabulistes Allemands,
beaucoup plus à un Espagnol nommé Yriarte,
poëte dont je fais grand cas, et qui m'a
fourni mes apologues les plus heureux. Je
compte bien en prévenir le public dans une
préface, afin que l'on ne puisse pas me reprocher.....

Oh! c'est fort égal au public, interrompit-
il en riant. Qu'importe à vos lecteurs que le
sujet d'une de vos fables ait été d'abord inventé par un Grec, par un Espagnol, ou par vous?
L'important, c'est qu'elle soit bien faite. La
Bruyère a dit: *le choix des pensées est invention.* D'ailleurs vous avez pour vous l'exemple
de La Fontaine. Il n'est guère de ses apologues
que je n'aie retrouvés dans des auteurs plus anciens que lui. Mais comment y sont-ils? Si
quelque chose pouvait ajouter à sa gloire, ce
serait cette comparaison. N'ayez donc aucune
inquiétude sur ce point. En poésie, comme
à la guerre, ce qu'on prend à ses frères est
vol, mais ce qu'on enlève aux étrangers est
conquête.

Parlons d'une chose plus importante. Comment avez-vous considéré l'apologue?

A cette question, je demeurai surpris, je rou-
gis un peu, je balbutiai; et, voyant bien, à
l'air de bonté du vieillard, que le meilleur parti était d'avouer mon ignorance, je lui répon-
dis si bas, qu'il me le fit répéter, que je n'avais

pas encore assez réfléchi sur cette question ; mais que je comptais m'en occuper quand je ferais mon discours préliminaire.

J'entends, me répondit-il : vous avez commencé par faire des fables ; et , quand votre recueil sera fini, vous réfléchirez sur la fable. Cette manière de procéder est assez commune, même pour des objets plus importans. Au surplus, quand vous auriez pris la marche contraire, qui sûrement eût été plus raisonnable, je doute que vos fables y eussent gagné. Ce genre d'ouvrage est peut-être le seul où les poétiques sont à peu-près inutiles, où l'étude n'ajoute presque rien au talent, où, pour me servir d'une comparaison qui vous appartient, on travaille, par une espèce d'instinct, aussi bien que l'hirondelle bâtit son nid , ou bien aussi mal que le moineau fait le sien.

Cependant je ne doute point que vous n'ayez lu, dans beaucoup de préfaces de fables, que *l'apologue est une instruction déguisée sous l'allégorie d'une action :* définition qui, par parenthèse, peut convenir au poëme épique, à la comédie, au roman, et ne pourrait s'appliquer à plusieurs fables, comme celles de *Philomèle et Progné*, de *l'Oiseau blessé d'une flèche*, du *Paon se plaignant à Junon*, du *Renard et du buste*, etc., qui proprement n'ont point d'action, et dont tout le sens est renfermé dans le seul mot de la fin ; ou comme celles de *l'Yvrogne et de sa Femme*, du *Rieur* et des *Poissons*, de *Tircis et Amarante*, du *Testament expliqué par Esope*, qui n'ont que le mérite assez grand d'être parfaitement contées, et qu'on serait bien fâché de retrancher, quoiqu'elles n'aient point de morale. Ainsi cette définition, reçue de tous les tems ne me paraît pas toujours juste.

Vous avez lu sûrement encore dans le très-ingénieux discours que feu M. de la Motte a mis à la tête de ses fables, que, *pour faire un bon apologue, il faut d'abord se proposer une vérité morale, la cacher sous l'allégorie d'une image qui ne pêche ni contre la justesse, ni contre l'unité, ni contre la nature ; amener ensuite des acteurs que l'on fera parler dans un style familier mais élégant, simple mais ingénieux, animé de ce qu'il y a de plus riant et de plus gracieux, en distinguant bien les nuances du riant et du gracieux, du naturel et du naïf.*

Tout cela est plein d'esprit, j'en conviens : mais, quand on saura toutes ces finesses, on sera tout au plus en état de prouver, comme l'a fait M. de la Motte, que la fable des *deux Pigeons* est une fable imparfaite, car elle pêche *contre l'unité*; que celle du *Lion amoureux* est encore moins bonne, car *l'image entière est vicieuse* (1). Mais, pour le mal-

_____

(1) Œuvres de la Motte, Discours sur la fable, tome IX, page 22 et suiv.

heur des définitions et des règles, tout le monde n'en sait pas moins par cœur l'admirable
fable des *deux Pigeons*, tout le monde n'en
repète pas moins souvent ces vers du *Lion
Amoureux*.

> Amour, amour, quand tu nous tiens,
> On peut bien dire, adieu prudence;

et personne ne se soucie de savoir qu'on peut
démontrer rigoureusement que ces deux fables
sont contre les règles.

Vous exigerez peut-être de moi, en me
voyant critiquer avec tant de sévérité les définitions, les préceptes donnés sur la fable,
que j'en indique de meilleurs: mais je m'en
garderai bien; car je suis convaincu que ce
genre ne peut-être défini et ne peut avoir de
préceptes. Boileau n'en a rien dit dans son *Art
Poétique*; et c'est peut-être parce qu'il avait
senti qu'il ne pouvait le soumettre à ses lois.
Ce Boileau, qui assurément était poëte, avait
fait la fable de *la Mort et du Malheureux* en
concurrence avec La Fontaine. J. B Rousseau,
qui était poëte aussi, traita le même sujet. Lisez dans M. d'Alembert (1), ces deux apologues comparés avec celui de La Fontaine; vous
trouverez la même morale, la même image,
la même marche, presque les mêmes expres-

---

(1) Histoire des membres de l'académie française,
tome III.

sions : cependant les deux fables de Boileau et de Rousseau sont au moins très-médiocres ; et celle de La Fontaine est un chef-d'œuvre.

La raison de cette différence nous est parfaitement développée dans un excellent morceau sur la fable, de M. de Marmontel (3). Il n'y donne pas les moyens d'écrire de bonnes fables, car ils ne peuvent pas se donner ; il n'expose point les principes, les règles qu'il faut observer, car je répète que dans ce genre il n'y en a point : mais il est le premier, ce me semble, qui nous ait expliqué pourquoi l'on trouve un si grand charme à lire La Fontaine, d'où vient l'illusion que nous cause cet inimitable écrivain. « Non-seulement, dit M. Marmontel, La Fontaine a ouï dire ce qu'il raconte, mais il l'a vu, il croit le voir encore. » Ce n'est pas un poëte qui imagine, ce n'est » pas un conteur qui plaisante, c'est un » témoin présent à l'action, et qui veut » vous y rendre présent vous-même ; son » érudition, son éloquence, sa philosophie, » sa politique, tout ce qu'il a d'imagination, » de mémoire, de sentiment, il met tout en » œuvre, de la meilleure foi du monde, pour » vous persuader ; et c'est cet air de bonne-foi, » c'est le sérieux avec lequel il mêle les plus » grandes choses avec les plus petites, c'est » l'importance qu'il attache à des jeux d'en-

(3) Elémens de Littérature, tome III.

» fans ; c'est l'intérêt qu'il prend pour un lapin
» et une belette , qui font qu'on est tenté de
» s'écrier à chaque instant ; le bon homme, etc.»

M. Marmontel a raison : quand ce mot est
dit, on pardonne tout à l'auteur, on ne s'offense plus des leçons qu'il nous fait, des vérités
qu'il nous apprend ; on lui permet de prétendre
à nous enseigner la sagesse, prétention que l'on
a tant de peine à passer à son égal. Mais un
bon homme n'est plus notre égal : sa simplicité
crédule, qui nous amuse, qui nous fait rire,
le délivre à nos yeux de sa supériorité ; on respire alors, on peut hardiment sentir le plaisir
qu'il nous donne ; on peut l'admirer et l'aimer
sans se compromettre.

Voilà le grand secret de La Fontaine, secret
qui n'était son secret que parce qu'il l'ignorait
lui-même.

Vous me prouvez, lui répondis-je assez tris-
tement , qu'à moins d'être un La Fontaine,
il ne faut pas faire de fables ; et vous sentez
que la seule réponse à cette affligeante vérité,
c'est de jeter au feu mes apologues. Vous m'en
donnez une forte tentation ; et comme, dans
les sacrifices un peu pénibles , il faut toujours
profiter du moment où l'on se trouve en force,
je vais en rentrant chez moi.....

Faire une sottise, interrompit-il ; sottise dont
vous ne seriez point tenté , si vous aviez moins
d'orgueil d'une part, et de l'autre plus de véritable admiration pour La Fontaine.

Comment! repris-je d'un ton presque fâché, quelle plus grande preuve de modestie puis-je donner, que de brûler un ouvrage qui m'a coûté des années de travail ? et quel plus grand hommage peut recevoir de moi l'admirable modèle dont je ne puis jamais approcher ?

Monsieur le fabuliste, me dit le vieillard en souriant, notre conversation pourra vous fournir deux bonnes fables, l'une sur l'amour propre, l'autre sur la colère. En attendant, permettez-moi de vous faire une question que je veux aussi habiller en apologue.

Si la plus belle des femmes, Hélène par exemple, régnait encore à Lacédémone, et que tous les Grecs, tous les étrangers, fussent ravis d'admiration en la voyant paraître dans les jeux publics, ornée d'abord de ses attraits enchanteurs, de sa grâce, de sa beauté divine, et puis encore de l'éclat que donne la royauté, que penseriez-vous d'une petite paysanne ilote, que je veux bien supposer jeune, fraîche, avec des yeux noirs, et qui, voyant paraître la Reine, se croirait obligée d'aller se cacher ? Vous lui diriez : ma chère enfant, pourquoi vous priver des jeux ? Personne, je vous assure, ne songe à vous comparer avec la Reine de Sparte. Il n'y a qu'une Hélène au monde : comment vous vient-il dans la tête que l'on puisse songer à deux ? tenez-vous à votre place. La plupart des Grecs ne vous regarderont pas, car la Reine est là-haut, et vous êtes ici.

Ceux qui vous regarderont, vous ne les ferez pas fuir. Il y en a même qui peut-être vous trouveront à leur gré : vous en ferez vos amis, et vous admirerez avec eux la beauté de cette Reine du monde.

Quand vous lui auriez dit cela, si la petite fille voulait encore s'aller cacher, ne lui conseilleriez-vous point d'avoir moins d'orgueil d'une part, et de l'autre plus d'admiration pour Hélène ?

Vous m'entendez ; et je ne crois pas nécessaire, ainsi que l'exige M. de La Motte, de placer la moralité à la fin de mon apologue.

Ne brûlez donc point vos fables, et soyez sûr que La Fontaine est si divin, que beaucoup de places infiniment au-dessous de la sienne sont encore très-belles. Si vous pouvez en avoir une, je vous en ferai mon compliment. Pour cela, vous n'avez besoin que de deux choses que je vais tâcher de vous expliquer.

Quoique je vous aie dit que je ne connais point de définition juste et précise de l'apologue, j'adopterais pour la plupart celle que La Fontaine lui-même a choisie, lorsqu'en parlant du recueil de ses fables, il l'appelle,

> Une ample comédie à cent actes divers,
> Et dont la scène est l'univers.

En effet, un apologue est une espèce de petit drame: il a son exposition, son nœud, son dénouement. Que les acteurs en soient des animaux, des dieux, des arbres, des hommes, il faut toujours qu'ils commencent par me dire ce dont il s'agit, qu'ils m'intéressent à une situation, à un évènement quelconque, et qu'ils finissent par me laisser satisfait, soit de cet évènement, soit quelquefois d'un simple mot, qui est le résultat moral de tout ce qu'on a dit ou fait. Il me serait aisé, si je ne craignais d'être trop bavard, de prendre au hasard une fable de Lafontaine, et de vous y faire voir l'avant scène, l'exposition faite souvent par un monologue, comme dans la fable du *Berger et de son Troupeau*; l'intérêt commençant avec la situation, comme dans *la Colombe et la Fourmi*; le danger croissant d'acte en acte, car il y en a de plusieurs actes, comme *l'Alouette et ses Petits avec le Maître d'un champ*; et le dénouement enfin, mis quelquefois en spectacle, comme dans *le Loup devenu Berger*, plus communément en simple récit.

Cela posé, comme le fabuliste ne peut être aidé par de véritables acteurs, par le prestige du théâtre, et qu'il doit cependant me donner la comédie, il s'ensuit que son premier besoin, son talent le plus nécessaire, doit être celui de peindre : car il faut qu'il montre aux regards ce théâtre, ces acteurs qui lui manquent; il faut qu'il fasse lui-même ses décorations, ses habits ; que non-seulement il écrive ses rôles, mais qu'il les joue en les écrivant; et qu'il exprime à la fois les gestes, les attitudes, les mines, les jeux de visage, qui ajoutent tant à l'effet des scènes.

2

Mais ce talent de peindre ne suffirait pas pour le genre de la fable, s'il ne se trouvait réuni avec celui de conter gaiement; art difficile et peu commun; car la gaieté que j'entends est à la fois celle de l'esprit et celle du caractère. C'est ce don, le plus désirable sans doute, puisqu'il vient presque toujours de l'innocence, qui nous fait aimer des autres parce que nous pouvons nous aimer nous-mêmes; change en plaisirs toutes nos actions, et souvent tous nos devoirs; nous délivre, sans nous donner la peine de l'attention, d'une foule de défauts pénibles, pour nous orner de mille qualités qui ne coûtent jamais d'efforts. Enfin cette gaieté, selon moi, est la véritable philosophie, qui se contente de peu sans savoir que c'est un mérite, supporte avec résignation les maux inévitables de la vie sans avoir besoin de se dire que l'impatience n'y changerait rien, et sait encore faire le bonheur de ceux qui nous environnent du seul supplément de notre propre bonheur.

Voilà la gaieté que je veux dans l'écrivain qui raconte; elle entraîne avec elle le naturel, la grâce, la naïveté. Le talent de peindre, comme vous savez, comprend le mérite du style et le grand art de faire des vers qui soient toujours de la poésie. Ainsi je conclus que tout fabuliste qui réunira ces deux qualités, pourra se flatter, non pas d'être l'égal de La Fontaine, mais d'être souffert après lui.

Parlez-vous sérieusement, lui dis-je, et prétendez-vous m'encourager ? Si tout ce que vous venez de détailler n'est que le moins qu'on puisse exiger d'un fabuliste, que voulez-vous que je devienne ? Ou laissez-moi brûler mes fables, ou ne me démontrez pas qu'elles ne réussiront point. Je pourrais vous répondre pourtant que l'élégant Phèdre n'est rien moins que gai, que le laconique Esope ne l'est pas beaucoup davantage, que l'Anglais Gay n'est presque jamais qu'un philosophe de mauvaise humeur, et que cependant . . . . .

Ces messieurs-là, reprit le vieillard, n'ont rien de commun avec vous. Indépendamment de la différence de leur nation, de leur siècle, de leur langue, songez que Phèdre fut le premier chez les Romains qui écrivit des fables en vers, que Gay fut de même le premier chez les Anglais. Je ne prétends pas assurément leur disputer leur mérite ; mais croyez que ce mot de *premier* ne laisse pas de faire à la réputation des hommes. Quand à votre Esope, je ne dirai pas qu'il fut aussi le premier chez les Grecs, car je suis persuadé qu'il n'a jamais existé.

Quoi ! répliquai-je, cet Esope dont nous avons les ouvrages, dont j'ai lu la vie dans Méziriac, dans La Fontaine, dans tant d'autres ; ce Phrygien si fameux par sa laideur, par son esprit, par sa sagesse, n'aurait été qu'un personnage imaginaire ? Quelles preuves en avez vous ? Et qui donc , à votre avis, est l'inventeur de l'apologue ?

Vous pressez un peu la question, reprit-il avec douceur, et vous allez m'engager dans une discussion scientifique à laquelle je ne suis guère propre, car on ne peut être moins savant que moi. Pour ce qui regarde Esope, je vous renvoie à une dissertation fort bien faite, de feu M. Boulanger, sur *les incertitudes qui concernent les premiers écrivains de l'antiquité.* Vous y verrez que cet Esope si renommé par par ses apologues, et que les historiens ont placé dans le sixième siècle avant notre ère, se trouve à la fois le contemporain de Crésus, roi de Lydie, d'un Necténabo, roi d'Egypte, qui vivait cent quatre-vingts ans après Crésus, et de la courtisanne Rodope , qui passe pour avoir élevé une de ces fameuses pyramides bâties au moins dix-huit cens ans avant Crésus. Voilà déjà d'assez grands anachronismes pour rejeter comme fabuleuses toutes les vies d'Esope.

Quant à ses ouvrages , les Orientaux les réclament et les attribuent à Lochman , fabuliste célèbre en Asie depuis des milliers d'années , surnommé *le Sage* partout l'Orient, et qui passe pour avoir été, comme Esope, esclave, laid et contrefait.

M. Boulanger, par des raisons très-plausibles, démontre à peu-près qu'Esope et Lochman ne sont qu'un. Il est vrai qu'il donne ensuite des raisons presque aussi bonnes , tirées de l'éty-

mologie, de la ressemblance des noms phéni-
ciens, hébreux, arabes, pour prouver que ce
Lochman *le Sage* pourrait fort bien être le roi
Salomon. Il va plus loin ; et, comparant toujours
les identités, les rapports des noms, les simili-
tudes des anecdotes, il en conclut que ce Salomon si révéré dans l'Orient pour sa sagesse,
son esprit, sa puissance, ses ouvrages, était
Joseph, fils de Jacob, premier Ministre d'E-
gypte. Delà revenant à Esope, il fait un rappro-
chement fort ingénieux d'Esope et de Joseph,
tous deux réduits à l'esclavage et faisant pros-
pérer la maison de leur maître ; tous deux en-
viés, persécutés, et pardonnant à leurs ennemis ; tous deux voyant en songe leur grandeur
future, et sortant d'esclavage à l'occasion de ce
songe ; tous deux excellant dans l'art d'inter-
préter les choses cachées ; enfin tous deux favoris et Ministres, l'un de Pharaon d'Egypte,
l'autre du Roi de Babylone.

Mais, sans adopter toutes les opinions de M.
Boulanger, je me borne à regarder comme à-
peu-près sûr, que ce prétendu Esope n'est
qu'un nom supposé sous lequel on répandit
dans la Grèce des apologues connus long-tems
auparavant dans l'Orient. Tout nous vient de
l'Orient ; et c'est la fable, sans aucun doute,
qui a le plus conservé du caractère et de la tour-
nure de l'esprit asiatique. Ce goût de paraboles,
d'énigmes, cette habitude de parler toujours par images, d'envelopper les préceptes

d'un voile qui semble les conserver, durent encore en Asie; leurs poëtes, leurs philosophes, n'ont jamais écrit autrement.

Oui, lui dis-je, je suis de votre avis sur ce point : mais quel est le pays de l'Asie que vous regardez comme le berceau de la fable?

Là dessus, me répondit-il, je me suis fait un petit système qui pourrait bien n'être pas plus vrai que tant d'autres : mais, comme c'est peu important, je ne m'en suis pas refusé le plaisir. Voici mes idées sur l'origine de la fable : je ne les dis guère qu'à mes amis, parce qu'il n'y a pas grand inconvénient à se tromper avec eux.

Nulle part on n'a dû s'occuper davantage des animaux que chez le peuple où la métempsycose était un dogme reçu. Dès qu'on a pu croire que notre ame passait après notre mort dans le corps de quelque animal, on n'a rien eu de mieux à faire, rien de plus raisonnable, rien de plus conséquent, que d'étudier avec soin les mœurs, les habitudes, la façon de vivre de ces animaux si intéressans, puisqu'ils étaient à la fois pour l'homme l'avenir et le passé, puisqu'on voyait toujours en eux ses pères, ses enfans et soi-même.

De l'étude des animaux, de la certitude qu'ils ont notre ame, on a dû passer aisément à la croyance qu'ils ont un langage. Certaines espèces d'oiseaux l'indiquent même sans cela. Les étourneaux, les perdrix, les pigeons, les hirondelles, les corbeaux, les grues, les poules, une foule d'autres, ne vivent jamais que par grandes troupes. D'où viendrait ce besoin de société, s'ils n'avaient pas le don de s'entendre? Cette seule question dispense d'autres raisonnemens qu'on pourrait alléguer.

Voilà donc le dogme de la métempsycose, qui, en conduisant naturellement les hommes à l'attention, à l'intérêt pour les animaux, a dû les mener promptement à la croyance qu'ils ont un langage. Delà, je ne vois plus qu'un pas à l'invention de la fable, c'est-à-dire, à l'idée de faire parler ces animaux pour les rendre les précepteurs des humains.

Montagne a dit, que *notre sapience apprend des bêtes les plus utiles enseignemens aux plus grandes et plus nécessaires parties de la vie.* En effet, sans parler des chiens, des chevaux, de plusieurs autres animaux, dont l'attachement, la bonté, la résignation, devraient sans cesse faire honte aux hommes, je ne veux prendre pour exemple que les mœurs du chevreuil, de cet animal si joli, si doux, qui ne vit point en société, mais en famille; qui épouse toujours, à la manière des Guèbres, la sœur avec laquelle il vint au monde, avec laquelle il fut élevé; qui demeure, avec sa compagne, près de son père et de sa mère jusqu'à ce que, père à son tour, il aille se consacrer à l'éducation de ses enfans, leur donner les leçons d'amour, d'innocence, de bonheur, qu'il a reçues et pratiquées; qui passe enfin sa vie entière dans les douceurs de l'amitié, dans les jouissances de la nature, et

dans cette heureuse ignorance, cette impré-
voyance des maux ! *cette incuriosité qui,*
comme dit le bon Montagne, *est un chevet si*
doux, si sain à reposer une tête bien faite.

Pensez-vous que le premier philosophe qui
a pris la peine de rapprocher de ces mœurs si
pures, si douces, nos intrigues, nos haines, nos
crimes; de comparer avec mon chevreuil, allant
paisiblement au gagnage, l'homme, caché derrière un buisson, armé de l'arc qu'il a inventé
pour tuer de plus loin ses frères, et employant
ses soins, son adresse à contrefaire le cri de la
mère du chevreuil, afin que son enfant trompé,
venant à ce cri qui l'appelle (1), reçoive une
mort plus sûre des mains du perfide assassin;
pensez-vous, dis-je, que ce philosophe n'ait
pas aussitôt imaginé de faire causer ensemble
les chevreuils, pour reprocher à l'homme sa
barbarie, pour lui dire les vérités dures que
mon philosophe n'aurait pu hazarder sans s'ex-
poser aux effets cruels de l'amour-propre irrité?
Voilà la fable inventée; et, si vous avez pu me
suivre dans mon diffus verbiage, vous devez
conclure avec moi que l'apologue a dû naître
dans l'Inde, et que le premier fabuliste fut sûrement un brachmane.

Ici le peu que nous savons de ce beau pays
s'accorde avec mon opinion. Les apologues de
Bidpaï sont les plus anciens monumens que l'on
connaisse dans ce genre; et Bidpaï était un

---

(1) C'est ainsi qu'on tue les chevreuils.

brachmane. Mais, comme il vivait sous un roi
puissant dont il fut le premier ministre, ce qui
suppose un peuple civilisé dès long-tems, il est
assez vraisemblable que ses fables ne furent
pas les premières. Peut-être même n'est-ce
qu'un recueil des apologues qu'il avait appris à
l'école des gymnosophistes, dont l'antiquité se
perd dans la nuit des tems. Ce qu'il y a de sûr,
c'est que ces apologues indiens, parmi lesquels
on trouve les *deux pigeons*, ont été traduits
dans toutes les langues de l'Orient, tantôt sous
le nom de Bidpaï ou Pilpaï, tantôt sous celui
de Lochman. Ils passèrent ensuite en Grèce,
sous le titre de fables d'Esope. Phèdre les fit
connaître aux Romains. Après Phèdre, plusieurs Latins, Aphtonius, Avien, Gabrias,
composèrent aussi des fables. D'autres fabulistes, plus modernes, tels que Faërne, Abstè-
mius, Camérarius, en donnèrent des recueils,
toujours en latin, jusqu'à la fin du seizième
siècle, qu'un nommé Hégémon, de Châlons-
sur-Saone, s'avisa le premier de faire des fables en vers français. Cent ans après, La Fontaine parut; et La Fontaine fit oublier toutes les
fables passées, et, je tremble de vous le dire,
vraisemblablement aussi toutes les fables futures.
Cependant M. de La Motte et quelques autres
fabulistes très-estimables de notre tems, ont eu,
depuis La Fontaine, des succès mérités. Je ne les
juge pas devant vous, parce que ce sont vos ri-
vaux; je me borne à vous souhaiter de les valoir.

Voilà l'histoire de la fable, telle que je la conçois et la sais. Je vous l'ai faite pour mon plaisir peut-être plus que pour le vôtre. Pardonnez cette digression à mon âge et à mon goût pour l'apologue.

A ces mots, le vieillard se tut. Je crois qu'il en était tems, car il commençait à se fatiguer. Je le remerciai des instructions qu'il m'avait données, et lui demandai la permission de lui porter le recueil de mes fables, pour qu'il voulût bien retrancher d'une main plus ferme que la mienne celles qu'il trouverait trop mauvaises, et m'indiquer les fautes susceptibles d'être corrigées dans celles qu'il laisserait. Il me le promit, me donna rendez-vous à huit jours delà. On juge que je fus exact à ce rendez-vous : mais quelle fut ma douleur, lorsqu'arrivant avec mon manuscrit, j'appris à la porte du vieillard qu'il était mort de la veille ! Je le regrettai comme un bienfaiteur; car il l'aurait été, et c'est la même chose. Je ne me sentis pas le courage de corriger sans lui mes apologues, encore moins celui d'en retrancher; et, privé de conseil, de guide, précisément à l'instant où l'on m'avait fait sentir combien j'en avais besoin pour me délivrer du soin fatiguant de songer sans cesse à mes fables, je pris le parti de les imprimer. C'est à présent au public à faire l'office du vieillard : peut-être trouverai-je en lui moins de politesse; mais il trouvera dans moi la même docilité.

FABLES

FABLES

DE

M. DE FLORIAN.

LIVRE PREMIER.

FABLE PREMIÈRE.

La Fable et la Vérité.

La Vérité toute nue
Sortit un jour de son puits.
Ses attraits par le tems étaient un peu détruits,
Jeune et vieux fuyaient à sa vue.
La pauvre Vérité restait là morfondue,
Sans trouver un asile où pouvoir habiter.
A ses yeux vient se présenter
La Fable richement vêtue,
Portant plumes et diamans,
La plupart faux, mais très-brillans.
Eh ! vous voilà ! Bon jour dit-elle :

Que faites-vous ici, seule sur un chemin ?
La Vérité répond : Vous le voyez, je gèle ;
  Aux passans je demande en vain
  De me donner une retraite ,
Je leur fais peur à tous. Hélas ! je le vois bien,
  Vieille femme n'obtient plus rien.
  Vous êtes pourtant ma cadette ,
  Dit la Fable, et , sans vanité ,
  Par-tout je suis fort bien reçue.
  Mais aussi, dame Vérité ,
   Pourquoi vous montrer toute nue ?
Cela n'est pas adroit. Tenez, arrangeons-nous ;
  Qu'un même intérêt nous rassemble :
Venez sous mon manteau, nous marcherons ensem-
   ble.
  Chez le sage , à cause de vous ,
  Je ne serai point rebutée ;
  A cause de moi, chez les fous
  Vous ne serez point maltraitée.
Servant par ce moyen chacun selon son goût,
Grâce à votre raison, et grâce à ma folie,
  Vous verrez, ma sœur, que par-tout
  Nous passerons de compagnie.

FABLE II.

La Carpe et les Carpillons.

Prenez garde, mes fils, côtoyez moins le bord,
  Suivez le fond de la rivière ;
  Craignez la ligne meurtrière,
  Ou l'épervier, plus dangereux encor.

C'est ainsi que parlait une carpe de Seine
A de jeunes poissons qui l'écoutaient à peine.
C'était au mois d'avril : les neiges, les glaçons,
Fondus par les zéphirs, descendaient des montagnes;
Le fleuve enflé par eux, s'élève à gros bouillons,
    Et déborde dans les campagnes.
    Ah! ah! criaient les carpillons,
    Qu'en dis-tu, carpe radoteuse ?
    Crains-tu pour nous les hameçons ?
Nous voilà citoyens de la mer orageuse;
Regarde : on ne voit plus que les eaux et le ciel,
    Les arbres sont cachés sous l'onde,
    Nous sommes les maîtres du monde,
    C'est le déluge universel.
Ne croyez pas cela, répond la vieille mère;
Pour que l'eau se retire il ne faut qu'un instant :
Ne vous éloignez point, et, de peur d'accident,
Suivez, suivez toujours le fond de la rivière.
Bah! disent les poissons, tu répètes toujours
    Mêmes discours :
Adieu, nous allons voir notre nouveau domaine.
    Parlant ainsi, nos étourdis
    Sortent tous du lit de la Seine,
Et s'en vont dans les eaux qui couvrent le pays.
    Qu'arriva-t-il? Les eaux se retirèrent,
    Et les carpillons demeurèrent;
    Bientôt ils furent pris,
    Et frits.
    Pourquoi quittaient-ils la rivière ?
    Pourquoi? Je le sais trop, hélas !
C'est qu'on se croit toujours plus sage que sa mère,
    C'est qu'on veut sortir de sa sphère,
    C'est que... c'est que... Je ne finirais pas.

FABLE III.

Le Roi et les deux Bergers.

CERTAIN monarque un jour déplorait sa misère,
  Et se lamentait d'être Roi :
Quel pénible métier ! disait-il : sur la terre
Est-il un seul mortel contredit comme moi ?
Je voudrais vivre en paix, on me force à la guerre;
Je chéris mes sujets, et je mets des impôts ;
J'aime la vérité, l'on me trompe sans cesse;
  Mon peuple est accablé de maux,
  Je suis consumé de tristesse :
  Par-tout je cherche des avis,
Je prends tous les moyens, inutile est ma peine;
  Plus j'en fais, moins je réussis.
Notre Monarque alors apperçoit dans la plaine
Un troupeau de moutons maigres, de près tondus.
Des brebis sans agneaux, des agneaux sans leurs mères,
  Dispersés, bélans, éperdus,
Et des beliers sans force errant dans les bruyères.
Leur conducteur Guillot allait, venait, courait,
Tantôt à ce mouton qui gagne la forêt,
Tantôt à cet agneau qui demeure derrière,
  Puis à sa brebis la plus chère;
  Et tandis qu'il est d'un côté,
Un loup prend un mouton qu'il emporte bien vite;
  Le berger court, l'agneau qu'il quitte
  Par une louve est emporté.
  Guillot tout haletant s'arrête,
S'arrache les cheveux, ne sait plus où courir,

Et, de son poing frappant sa tête,
Il demande au ciel de mourrir.
Voilà bien ma fidelle image!
S'écria le Monarque; et les pauvres bergers,
Comme nous autres Rois, entourés de dangers,
N'ont pas un plus doux esclavage:
Cela console un peu. Comme il disait ces mots,
Il découvre en un pré le plus beau des troupeaux,
Des moutons gras, nombreux, pouvant marcher à
peine
Tant leur riche toison les gêne,
Des beliers grands et fiers, tous en ordre paissans,
Des brebis fléchissant sous le poids de la laine,
Et de qui la mamelle pleine
Fait accourir de loin les agneaux bondissans.
Leur berger, mollement étendu sous un hêtre,
Faisait des vers pour son Iris,
Les chantait doucement aux échos attendris,
Et puis répétait l'air sur son hautbois champêtre.
Le roi tout étonné, disait : Ce beau troupeau
Sera bientôt détruit: les loups ne craignent guère
Les pasteurs amoureux qui chantent leur bergère;
On les écarte mal avec un chalumeau.
Ah! comme je rirais!... Dans l'instant un loup passe,
comme pour lui faire plaisir;
Mais à peine il paraît, que prompt à le saisir,
Un chien s'élance et le terrasse.
Au bruit qu'ils font en combattant,
Deux moutons effrayés s'écartent dans la plaine;
Un autre chien part, les ramène,
Et pour rétablir l'ordre il suffit d'un instant.
Le berger voyait tout couché dessus l'herbette,
Et ne quittait pas sa musette.

Alors le Roi presque en courroux,
Lui dit : Comment fais-tu ? les bois sont pleins de
loups,
Tes moutons gras et beaux sont au nombre de mille,
Et, sans être moins tranquille,
Dans cet heureux état, toi seul tu les maintiens.
Sire, dit le berger, la chose est fort facile;
Tout mon secret consiste à choisir de bons chiens.

FABLE IV.

Les deux Voyageurs.

Le compère Thomas et son ami Lubin
Allaient à pied tous deux à la ville prochaine.
Thomas trouve sur son chemin
Une bourse de louis pleine;
Il l'empoche aussi-tôt. Lubin, d'un air content,
Lui dit : Pour nous la bonne aubaine !
Non, répond Thomas froidement,
Pour nous n'est pas bien dit, *pour moi* c'est différent.
Lubin ne souffle plus : mais en quittant la plaine,
Ils trouvent des voleurs cachés au bois voisin.
Thomas tremblant, et non sans cause,
Dit : Nous sommes perdus ! Non lui répond Lubin,
Nous n'est pas le vrai mot; mais *toi* c'est autre chose.
Cela dit, il s'échappe à travers les taillis.
Immobile de peur, Thomas est bientôt pris ;
Il tire la bourse et la donne
Qui ne songe qu'à soi quand sa fortune est bonne,
Dans le malheur n'a point d'amis.

Les deux Voyageurs.

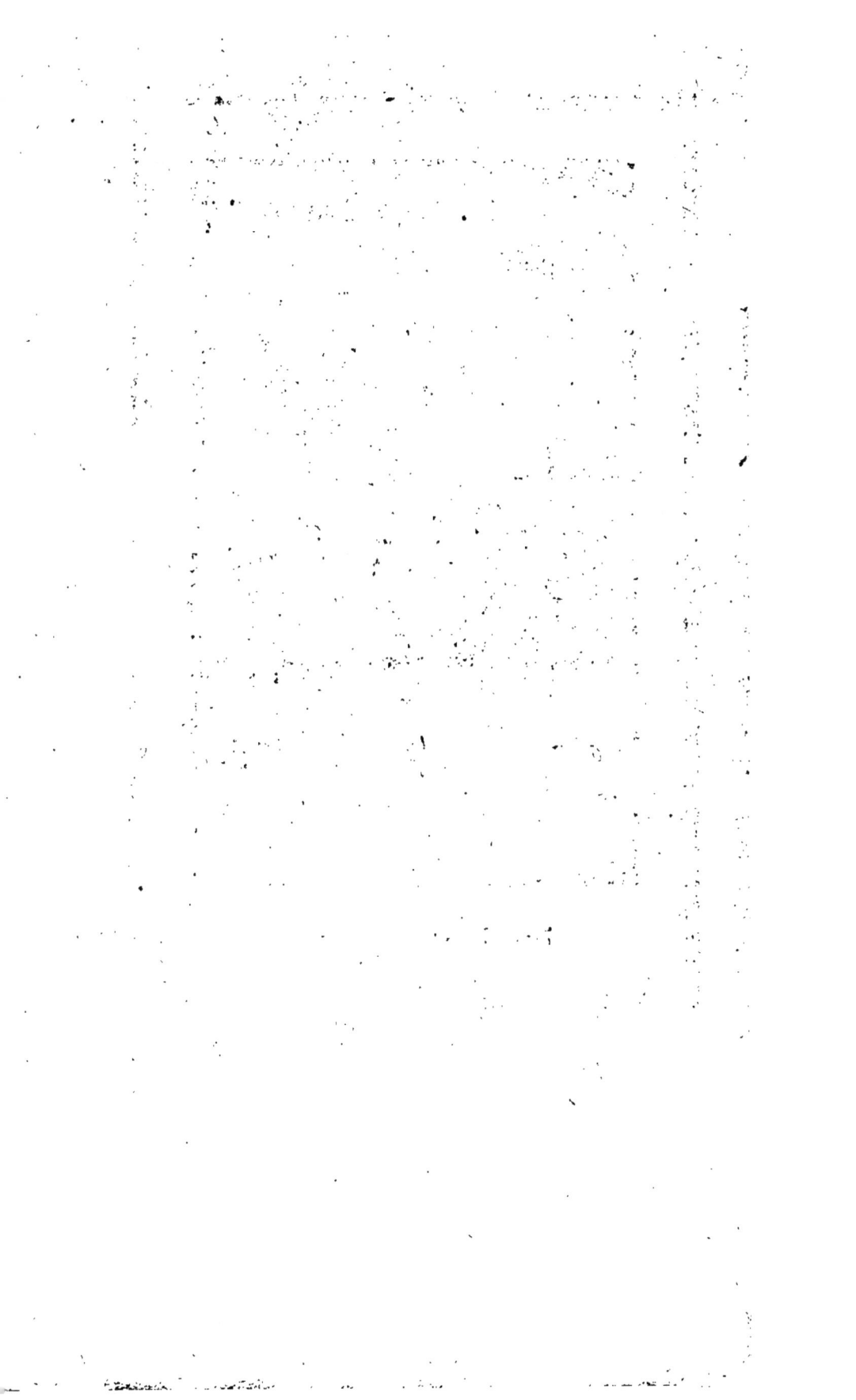

FABLE V.
Les Sérins et le Chardonneret.

Un amateur d'oiseaux avait, en grand secret,
　　　Parmi les œufs d'une sérine,
　　　Glissé l'œuf d'un chardonneret.
La mère des sérins, bien plus tendre que fine,
Ne s'en apperçut point, et couva comme sien
　　　Cet œuf qui dans peu vint à bien.
Le petit étranger, sortit de sa coquille,
Des deux époux trompés reçoit les tendres soins,
　　　Par eux traité ni plus ni moins
　　　Que s'il était de la famille.
Couché dans le duvet, il dort le long du jour
A côté des serins dont il se croit le frère;
　　　Reçoit la béquée à son tour,
Et repose la nuit sous l'aîle de la mère.
Chaque oisillon grandit, et, devenant oiseau,
　　　D'un brillant plumage s'habille;
Le Chardonneret seul ne devient point jonquille,
Et ne s'en croit pas moins des serins le plus beau.
　　　Ses frères pensent tous de même :
Douce erreur qui toujours fait voir l'objet qu'on aime
　　　Ressemblant à nous trait pour trait !
Jaloux de son bonheur, un vieux chardonneret
Vient lui dire: Il est tems enfin de vous connaître ;
Ceux pour qui vous avez de si doux sentimens,
　　　Ne sont point du tout vos parens.
C'est d'un chardonneret que le sort vous fit naître.
Vous ne fûtes jamais serin : regardez-vous,
Vous avez le corps fauve et la tête écarlate,
Le bec... Oui, dit l'oiseau, j'ai ce qu'il vous plaira;

3*

Mais je n'ai point une ame ingrate,
Et mon cœur toujours chérira
Ceux qui soignèrent mon enfance.
Si mon plumage au leur ne ressemble pas bien,
J'en suis fâché ; mais leur cœur et le mien
Ont une grande ressemblance.
Vous prétendez prouver que je ne leur suis rien.
Leurs soins me prouvent le contraire :
Rien n'est vrai comme ce qu'on sent.
Pour un oiseau réconnaissant
Un bienfaiteur est plus qu'un père.

FABLE VI.

Le Chat et le Miroir.

Philosophes hardis, qui passez votre vie
A vouloir expliquer ce qu'on n'explique pas,
Daignez écouter, je vous prie,
Ce trait du plus sage des chats.
Sur une table de toilette
Ce chat apperçut un miroir ;
Il y saute, regarde, et d'abord pense voir
Un de ses frères qui le guette.
Notre chat veut le joindre, il se trouve arrêté.
Surpris, il juge alors la glace transparente,
Et passe de l'autre côté,
Ne trouve rien, revient, et le chat se présente.
Il réfléchit un peu : de peur que l'animal,
Tandis qu'il fait le tour ne sorte,
Sur le haut du miroir il se met à cheval,

Deux pattes par ici, deux par là ; de la sorte
　　　Par-tout il pourra le saisir.
　　　Alors, croyant bien le tenir,
Doucement vers la glace il incline la tête,
Apperçoit une oreille, et puis deux.... A l'instant,
　　　A droite, à gauche il va jettant
　　　Sa griffe qu'il tient toute prête :
Mais il perd l'équilibre, il tombe et n'a rien pris,
　　　Alors, sans davantage attendre,
Sans chercher plus long-tems ce qu'il ne peut com-
　　　　　　prendre,
Il laisse le miroir et retourne aux souris.
Que m'importe, dit-il, de percer ce mystère ?
　　　Une chose que notre esprit,
Après un long travail, n'entend, ni ne saisit,
　　　Ne nous est jamais nécessaire.

FABLE VII.

Le Bœuf, le Cheval et l'Ane.

Un bœuf, un baudet, un cheval,
　　　Se disputaient la préséance.
Un baudet! direz-vous, tant d'orgueil lui sied mal.
A qui l'orgueil sied-il? et qui de nous ne pense
Valoir ce que le rang, les talens, la naissance,
　　　Élèvent au-dessus de nous ?
　　　Le bœuf, d'un ton modeste et doux,
　　　Alléguait ses nombreux services,
　　　Sa force, sa docilité ;
Le coursier sa valeur, ses nobles exercices,

Et l'âne son utilité.
Prenons, dit le cheval, les hommes pour arbitres :
En voici venir trois, Exposons leur nos titres.
Si deux sont d'un avis, le procès est jugé.
Les trois hommes venus, notre bœuf est chargé
D'être le rapporteur, il explique l'affaire,
     Et demande le jugement.
Un des juges choisis, maquignon bas-normand,
     Crie aussi-tôt la chose est claire ;
Le cheval a gagné. Non pas mon cher confrère,
Dit le second jugeur, c'était un gros meûnier ;
     L'âne doit marcher le premier :
Tout autre avis serait d'une injustice extrême:
     Oh que nenni, dit le troisième,
Fermier de sa paroisse et riche laboureur,
     Au bœuf appartient cet honneur.
Quoi! reprend le coursier écumant de colère,
Votre avis n'est dicté que par votre intérêt ?
Eh mais, dit le Normand, par quoi donc, s'il
     vous plait ?
     N'est-ce point le code ordinaire ?

FABLE VIII.

Le Calife.

Autrefois dans Bagdad le calife Almamon
Fit bâtir un palais plus beau, plus magnifique,
Que ne le fut jamais celui de Salomon.
Cent colonnes d'albâtre en formaient le portique ;
L'or, le jaspe, l'asur, décoraient le parvis ;
Dans les appartemens embellis de sculpture,

Sous des lambris de cèdre, on voyait réunis
Et les trésors du luxe et ceux de la nature,
Les fleurs, les diamans, les parfums, la verdure,
Les myrtes odorans, les chefs-d'œuvres de l'art,
   Et les fontaines jaillissantes
   Roulant leurs ondes bondissantes.
   A côté des lits de brocard.
Près de ce beau palais, juste devant l'entrée,
Une étroite chaumière, antique et délabrée,
D'un pauvre tisserand était l'humble réduit.
   Là, content du petit produit
D'un grand travail, sans dette et sans soucis pénibles,
   Le bon vieillard, libre, oublié,
   Coulait des jours doux et paisibles ;
   Point envieux, point envié.
   J'ai déjà dit que sa retraite
   Masquait le devant du palais.
Le visir veut d'abord, sans forme de procès,
   Qu'on abatte la maisonnette,
Mais le calife veut que d'abord on l'achète.
Il fallut obéir : on va chez l'ouvrier,
On lui porte de l'or. Non, gardez votre somme,
   Répond doucement le pauvre homme ;
Je n'ai besoin de rien avec mon attelier :
Et quant à ma maison je ne puis m'en défaire ;
C'est là que je suis né, c'est là qu'est mort mon père,
   Je prétends y mourir aussi.
Le calife, s'il veut, peut me chasser d'ici,
   Il peut détruire ma chaumière :
   Mais, s'il le fait, il me verra
Venir, chaque matin, sur la dernière pierre
   M'asseoir et pleurer ma misère ;
Je connais Almamon, son cœur en gémira.

Cet insolent discours excita la colère
Du visir, qui voulait punir ce téméraire
Et sur-le-champ raser sa chétive maison.
   Mais le calife lui dit : Non ,
J'ordonne qu'à mes frais elle soit réparée ;
   Ma gloire tient à sa durée :
Je veux qu'à nos neveux, en la considérant,
Y trouvent de mon règne un monument auguste :
En voyant le palais , ils diront : Il fut grand ;
En voyant la chaumière , ils diront : Il fut juste.

FABLE IX.

Le Chien et le Chat.

Un chien vendu par son maître ,
Brisa sa chaîne et revint
Au logis qui le vit naître.
Jugez de ce qu'il devint
Lorsque pour prix de son zèle ,
Il fut de cette maison
Reconduit par le bâton
Vers sa demeure nouvelle.
Un vieux chat son compagnon,
Voyant sa surprise extrême ,
En passant lui dit ce mot :
Tu croyais donc , pauvre sot,
Que c'est pour nous qu'on nous aime !

FABLE X.

Les deux Jardiniers.

Deux frères jardiniers avaient par héritage
Un jardin dont chacun cultivait la moitié ;
    Liés d'une étroite amitié,
    Ensemble ils fesaient leur ménage.
L'un d'eux, appelé Jean, bel esprit, beau parleur,
    Se croyait un très-grand docteur ;
    Et monsieur Jean passait sa vie
A lire l'almanach, à regarder le tems,
    Et la girouette, et les vents.
Bientôt, donnant l'essor à son rare génie,
Il voulut découvrir comment d'un pois tout seul
Des milliers de pois peuvent sortir si vîte ;
    Pourquoi la graine d'un tilleul ;
Qui produit un grand arbre, est pourtant plus petite
Que la fève, qui meurt à deux pieds du terrein ;
    Enfin par quel secret mystère
Cette fève qu'on sème au hasard sur la terre,
    Sait se retourner dans son sein,
Place en bas sa racine et pousse en haut sa tige.
    Tandis qu'il rêve et qu'il s'afflige
De ne point pénétrer ces importans secrets,
    Il n'arrose point son marais ;
    Ses épinards et sa laitue
Sèchent sur pied ; le vent du nord lui tue
    Ses figuiers qu'il ne couvre pas.
Point de fruits au marché, point d'argent dans la
    bourse ;

Et le pauvre docteur avec ses almanachs,
　　　　N'a que son frère pour ressource.
　　　　Celui-ci, dès le grand matin,
Travaillait en chantant quelque joyeux refrain,
Béchait, arrosait tout, du pêcher à l'oseille,
Sur ce qu'il ignorait sans vouloir discourir,
Il semait bonnement pour pouvoir recueillir.
Aussi dans son terrein tout venait à merveille;
Il avait des écus, des fruits et du plaisir.
　　　　Ce fut lui qui nourrit son frère;
　　　　Et que monsieur Jean tout surpris
S'en vint lui demander comment il savait faire:
Mon ami, lui dit-il, voici tout le mystère:
　　　　Je travaille, et tu réfléchis;
　　　　Lequel rapporte davantage?
　　　　Tu te tourmentes, je jouis;
　　　　Qui de nous deux est le plus sage?

FABLE XI.

Le Vacher et le Garde-Chasse.

COLIN gardait un jour les vaches de son père;
　　　　Colin n'avait pas de bergère,
Et s'ennuyait tout seul. Le garde sort du bois :
Depuis l'aube, dit-il, je cours dans cette plaine,
Après un vieux chevreuil que j'ai manqué deux fois,
　　　　Et qui m'a mis tout hors d'haleine.
　　　　Il vient de passer pas là-bas,
Lui répondit Colin : mais, si vous êtes las,
Reposez-vous, gardez mes vaches à ma place;
　　　　Et j'irai faire votre chasse;

Je réponds du chevreuil. — Ma foi, je le veux bien :
Tiens, voilà mon fusil, prends avec toi mon chien,
    Va le tuer. Colin s'apprête,
S'arme, appelle Sultan. Sultan, quoiqu'à regret,
    Court avec lui vers la forêt.
Le chien bat les buissons; il va, vient, sent, arrête,
Et voilà le chevreuil.... Colin impatient,
    Tire aussitôt, manque la bête
    Et blesse le pauvre Sultan.
    A la suite du chien qui crie,
    Colin revient à la prairie ;
    Il trouve le garde ronflant ;
    De vaches, point; elles étaient volées.
Le malheureux Colin, s'arrachant les cheveux,
Parcourt en gémissant les monts et les vallées.
Il ne voit rien. Le soir, sans vaches, tout honteux,
    Colin retourne chez son père,
    Et lui conte en tremblant l'affaire.
Celui-ci, saisissant un bâton de cormier,
Corrige son cher fils de ses folles idées,
    Puis lui dit : Chacun son métier,
    Les vaches seront bien gardées.

FABLE XII.

La Coquette et l'Abeille.

CHLOÉ, jeune, jolie, et sur-tout fort coquette,
    Tous les matins, en se levant,
Se mettait au travail, j'entends à sa toilette ;
    Et là, souriant, minaudant,
    Elle disait à son cher confident

Les peines, les plaisirs, les projets de son ame.
Une abeille étourdie arrive en bourdonnant.
Au secours! au secours! crie aussi-tôt la dame :
Venez, Lise, Marton, accourez promptement,
Chassez ce monstre ailé. Le monstre insolemment
      Aux lèvres de Chloé se pose.
Chloé s'évanouit, et Marton en fureur,
      Saisit l'abeille et se dispose
A l'écraser. Hélas! lui dit avec douceur
L'insecte malheureux, pardonnez mon erreur :
La bouche de Chloé me semblait une rose,
Et j'ai cru.... Ce seul mot à Chloé rend ses sens :
Faisons grâce, dit-elle, à son aveux sincère :
      D'ailleurs sa piqûre est légère ;
Depuis qu'elle te parle à peine je la sens.
Que ne fait-on passer avec un peu d'encens!

FABLE XIII.

La Mort.

La Mort, reine du monde, assembla, certain jour,
      Dans les enfers toute sa cour.
Elle voulait choisir un bon premier ministre
Qui rendit ses états encor plus florissans.
      Pour remplir cet emploi sinistre,
Du fond du noir tartare avancent à pas lents
      La Fièvre, la Goutte et la Guerre.
      C'étaient trois sujets excellens ;
      Tout l'enfer et toute la terre
      Rendaient justice à leurs talens.
La Mort leur fit accueil. La Peste vint ensuite.
On ne pouvait nier qu'elle n'eût du mérite,

Nul n'osait lui rien disputer ;
Lorsque d'un médecin arriva la visite,
Et l'on ne sut alors qui devait l'emporter/
La Mort même était en balance :
Mais les vices étant venus,
Dès ce moment la Mort n'hésita plus,
Elle choisit l'intempérance.

FABLE XIV.

Le Château de cartes.

Un bon mari, sa femme et deux jolis enfans ;
Coulaient en paix leurs jours dans le simple hermitage
Où, paisibles comme eux, vécurent leurs parens.
Ces époux, partageant les doux soins du ménage,
Cultivaient leur jardin, recueillaient leurs moissons;
Et le soir, dans l'été, soupant sous le feuillage,
    Dans l'hiver devant leurs tisons,
Ils prêchaient à leurs fils la vertu, la sagesse,
Leur parlaient du bonheur qu'ils procurent toujours;
Le père par un conte égayait ses discours,
    La mère par une caresse.
L'aîné de ces enfans, né grave, studieux,
    Lisait et méditait sans cesse ;
Le cadet, vif, léger, mais plein de gentillesse,
Sautait, riait toujours, ne se plaisait qu'aux jeux.
Un soir, selon l'usage, à côté de leur père,
Assis près d'une table où s'appuyait la mère,
L'aîné lisait Rollin : le cadet, peu soigneux
D'apprendre les hauts faits des Romains ou des Parthes
Employait tout son art, toutes ses facultés,
A joindre, à soutenir par les quatre côtés
    Un fragile château de cartes :

Il n'en respirait pas d'attention, de peur.

Tout-à-coup voici le lecteur

Qui s'interrompt : Papa, dit-il, daignez m'instruire

Pourquoi certains guerriers sont nommés con-
quérans,

Et d'autres fondateurs d'empire :

Ces deux noms sont - ils différens ?

Le père méditait une réponse sage,

Lorsque son fils cadet, transporté de plaisir,

Après tant de travail d'avoir pu parvenir

A placer son second étage,

S'écrie : il est fini ! Son frère murmurant,

Se fâche, et d'un seul coup détruit son long ouvrage ;

Et voilà le cadet pleurant.

Mon fils répond alors le père,

Le fondateur, c'est votre frère

Et vous êtes le conquérant.

FABLE XV.

Le Lierre et le Thym.

Que je te plains, petite plante !

Disait un jour le lierre au thym :

Toujours ramper, c'est ton destin ;

Ta tige chétive et tremblante

Sort à peine de terre, et la mienne dans l'air,

Unie au chêne altier que chérit Jupiter,

S'élance avec lui dans la nue.

Il est vrai, dit le thym, ta hauteur m'est connue ;

Je ne puis sur ce point disputer avec toi :

Mais je me soutiens par moi-même ;

Et sans cet arbre, appui de ta faiblesse extrême,

Tu ramperais plus bas que moi.
Traducteurs, éditeurs, faiseurs de commentaires,
Qui nous parlez toujours de grec ou de latin
Dans vos discours préliminaires,
Retenez ce que dit le Thym.

FABLE XVI.
Le Chat et la Lunette.

Un chat sauvage et grand chasseur
S'établit pour faire bombance,
Dans le parc d'un jeune seigneur
Où lapins et perdrix étaient en abondance.
Là, ce nouveau Nembrod, la nuit comme le jour,
A la course, à l'affut également habile,
Poursuivait, attendait, immolait tour-à-tour
Et quadrupède et volatile.
Les gardes épiaient l'insolent braconnier :
Mais, dans le fort du bois, caché près d'un terrier,
Le drôle trompait leur adresse.
Cependant il craignait d'être pris à la fin ;
Et se plaignait que la vieillesse
Lui rendit l'œil moins sûr, moins fin.
Ce penser lui causait souvent de la tristesse,
Lorsqu'un jour il rencontre un petit tuyau noir
Garni par ses deux bouts de deux glaces bien nettes:
C'était une de ces lunettes
Faites pour l'opéra, que par hasard, un soir,
Le maître avait perdue en ce lieu solitaire.
Le chat d'abord la considère,
La touche de sa griffe et de l'extrémité
La fait à petits coups rouler sur le côté ;

4*

Court après, s'en saisit, l'agite, la remue,
    Etonné que rien n'en sortît.
Il s'avise à la fin d'appliquer à sa vue
Le verre d'un des bouts ; c'était le plus petit.
Alors il apperçoit sous la verte coudrette
Un lapin que ses yeux tous seuls ne voyaient pas.
Ah ! quel trésor ! dit-il en serrant sa lunette,
Et courant au lapin, qu'il croit à quatre pas.
Mais il entend du bruit ; il reprend sa machine ;
S'en sert par l'autre bout, et voit dans le lointain
    Le garde qui vers lui chemine.
    Pressé par la peur, par la faim,
    Il reste un moment incertain,
Hésite, réfléchit, puis de nouveau regarde :
Mais toujours le gros bout lui montre loin le garde,
Et le petit tout près lui fait voir le lapin.
Croyant avoir le tems, il va manger la bête ;
Le garde est à vingt pas qui vous l'ajuste au front,
    Lui met deux balles dans la tête,
    Et de sa peau fait un manchon.
    Chacun de nous a sa lunette
    Qu'il retourne suivant l'objet ;
    On voit là-bas ce qui déplaît,
    On voit ici ce qu'on souhaite.

FABLE XVII.

Le jeune Homme et le Vieillard.

DE grace, apprenez-moi comment l'on fait
    fortune,
Demandait à son père un jeune ambitieux.
Il est, dit le vieillard, un chemin glorieux,
C'est de se rendre utile à la cause commune,

De prodiguer ses jours , ses veilles , ses talens ,
       Au service de la patrie.
      — Oh ! trop pénible est cette vie,
      Je veux des moyens moins brillans.
— Il en est de plus sûrs , l'intrigue... — Elle est
        trop vile,
Sans vice et sans travail je voudrais m'enrichir.
      — Et bien ! sois un simple imbécille,
      J'en ai vu beaucoup réussir.

FABLE XVIII.

La Taupe et les Lapins.

Chacun de nous souvent connaît bien ses défauts;
      En convenir , c'est autre chose :
On aime mieux souffrir de véritables maux ,
      Que d'avouer qu'ils en sont cause.
      Je me souviens à ce sujet
      D'avoir été témoin d'un fait
   Fort étonnant et difficile à croire :
      Mais je l'ai vu , voici l'histoire.
      Près d'un bois , le soir , à l'écart,
      Dans une superbe prairie,
Des lapins s'amusaient , sur l'herbette fleurie ,
      A jouer au colin-maillard.
Des lapins ! direz-vous , la chose est impossible.
Rien n'est plus vrai pourtant : une feuille flexible
Sur les yeux de l'un d'eux en bandeau s'appliquait
      Et puis sous le cou se nouait.
      Un instant en faisait l'affaire.
Celui que ce ruban privait de la lumière,
Se plaçait au milieu ; les autres alentour ,
Sautaient , dansaient , faisaient merveilles ,

S'éloignaient, venaient tour-à-tour
　　Tirer sa queue ou ses oreilles.
Le pauvre aveugle alors, se retournant soudain ;
Sans craindre pot au noir, jette au hasard la patte :
　　Mais la troupe échappe à la hâte,
Il ne prend que du vent, il se tourmente en vain,
　　Il y sera jusqu'à demain.
　　Une taupe assez étourdie,
　　Qui sous terre entendit ce bruit,
　　Sort aussi-tôt de son réduit,
　　Et se mêle dans la partie.
　　Vous jugez que, n'y voyant pas ,
　　Elle fut prise au premier pas.
Messieurs, dit un lapin, ce serait conscience,
Et la justice veut qu'à notre pauvre sœur
　　Nous fassions un peu de faveur ;
　　Elle est sans yeux et sans défense,
Ainsi je suis d'avis.... Non, répond avec feu
La taupe, je suis prise, et prise de bon jeu ;
Mettez-moi le bandeau. — Très - volontiers ma
　　　　chère ,
Le voici : mais je crois qu'il n'est pas nécessaire
　　Que nous serrions le nœud bien fort.
Pardonnez-moi, monsieur, reprit-elle en colère,
Serrez bien, car j'y vois..... Serrez, j'y vois enc o

FABLE XIX.

Le Rossignol et le Prince.

Un jeune prince avec son gouverneur ,
　　Se promenait dans un bocage ,
　　Et s'ennuyait, suivant l'usage ;
　　C'est le profit de la grandeur.

Un rossignol chantait sous le feuillage :
Le prince l'apperçoit et le trouve charmant ;
Et, comme il était prince, il veut dans le moment
　　L'attraper et le mettre en cage.
　　Mais, pour le prendre, il fait du bruit,
　　　Et l'oiseau fuit.
Pourquoi donc, dit alors Son Altesse en colère,
　　Le plus aimable des oiseaux
Se tient-il dans les bois, farouche et solitaire,
Tandis que mon palais est rempli de moineaux ?
C'est, lui dit le Mentor, afin de vous instruire
　　De ce qu'un jour vous devez éprouver :
　　　Les sots savent tous se produire ;
Le mérite se cache, il faut l'aller trouver.

FABLE XX.

L'Aveugle et le Paralytique..

A IDONS-NOUS mutuellement,
La charge des malheurs en sera plus légère ;
　　Le bien que l'on fait à son frère
Pour le mal que l'on souffre est un soulagement.
Confucius l'a dit ; suivons tous sa doctrine :
Pour le persuader aux peuples de la Chine,
　　Il leur contait le trait suivant.
　　Dans une ville de l'Asie,
　　Il existait deux malheureux,
L'un perclus, l'autre aveugle, et pauvres tous les
　　　deux.
Ils demandaient au ciel de terminer leur vie :
　　Mais leurs cris étaient superflus,
Ils ne pouvaient mourir. Notre paralytique,
Couché sur un grabat dans la place publique,

Souffrait sans être plaint ; il en souffrait bien plus,
  L'aveugle, à qui tout pouvait nuire,
  Etait sans guide, sans soutien,
  Sans avoir même un pauvre chien
  Pour l'aimer et pour le conduire.
  Un certain jour il arriva
Que l'aveugle à tâtons, au détour d'une rue,
  Près du malade se trouva ;
Il entendit ses cris, son âme en fut émue.
  Il n'est tels que les malheureux
  Pour se plaindre les uns les autres.
J'ai mes maux, lui dit-il, et vous avez les vôtres ;
Unissons-les, mon frère, ils seront moins affreux.
Hélas ! dit le perclus, vous ignorez, mon frère,
  Que je ne puis faire un seul pas ;
  Vous même vous n'y voyez pas :
A quoi nous servirait d'unir notre misère ?
A quoi ? répond l'aveugle, écoutez : à nous deux
Nous possédons le bien à chacun nécessaire ;
  J'ai des jambes, et vous des yeux :
Moi, je vais vous porter ; vous, vous serez mon guide :
Vos yeux dirigeront mes pas mal assurés,
Mes jambes, à leur tour, iront où vous voudrez.
Ainsi, sans que jamais notre amitié décide
Qui de nous deux remplit le plus utile emploi,
Je marcherai pour vous, vous y verrez pour moi.

FABLE XXI.
Pandore.

QUAND Pandore eut reçu la vie,
Chaque dieu de ses dons s'empressa de l'orner.
  Vénus, malgré sa jalousie,

Détacha sa ceinture et vint la lui donner,
Jupiter, admirant cette jeune merveille,
Craignait pour les humains ses attraits enchanteurs.
Vénus rit de sa crainte, et lui dit à l'orcille :
　　　Elle blessera bien des cœurs ;
　　　Mais j'ai caché dans ma ceinture
　　　Les *caprices* pour affaiblir
　　　Le mal que fera sa blessure,
　　　Et les *faveurs* pour en guérir.

LIVRE SECOND

FABLE PREMIÈRE.

La Mère, l'Enfant, et les Sarigues. (*).

A MADAME DE LA BRICHE.

Vous, de qui les attraits, la modeste douceur,
Savent tout obtenir, et n'osent rien prétendre ;
Vous que l'on ne peut voir sans devenir plus tendre,
Et qu'on ne peut aimer sans devenir meilleur,
Je vous respecte trop pour parler de vos charmes,
　　　De vos talens, de votre esprit...
Vous aviez déjà peur, bannissez vos alarmes,
　　　C'est de vos vertus qu'il s'agit.
Je veux peindre en mes vers des mères le modèle,
Le Sarigue, animal peu connu parmi nous,
　　　Mais dont les soins touchans et doux,

(*) *Espèce de renard du Pérou.* (BUFFON, Hist.
nat. tom. IV.

      Dont la tendresse maternelle,
      Seront de quelque prix pour vous.
      Le fond du conte est véritable :
Buffon m'en est garant ; qui pourrait en douter ?
D'ailleurs tout dans ce genre a droit d'être croyable,
Lorsque c'est devant vous qu'on peut le raconter.
Maman, disait un jour à la plus tendre mère
Un enfant Péruvien sur ses genoux assis,
Quel est cet animal qui, dans cette bruyère,
      Se promène avec ses petits?
Il ressemble au renard. Mon fils, répondit-elle,
      Du sarigue c'est la femelle ;
      Nulle mère pour ses enfans.
N'eut jamais plus d'amour, plus de soins vigilans.
La nature a voulu seconder sa tendresse,
      Et lui fit près de l'estomac
Une poche profonde, une espèce de sac,
      Où ses petits, quand un danger les presse,
      Vont mettre à couvert leur faiblesse.
Fais du bruit, tu verras ce qu'ils vont devenir.
L'enfant sappe des mains ; la sarigue attentive
      Se dresse, et, d'une voix plaintive,
Jette un cri ; les petits aussi-tôt d'accourir,
      Et de s'élancer vers la mère,
En cherchant dans son sein leur retraite ordinaire.
      La poche s'ouvre, les petits
      En un moment y sont blottis.
Ils disparaissent tous ; la mère avec vîtesse
      S'enfuit emportant sa richesse.
La Péruvienne alors dit à l'enfant surpris :
      Si jamais le sort t'est contraire,
Souviens-toi du sarigue, imite-le, mon fils:
L'asile le plus sûr est le sein d'une mère.

FABLE II.

Le bon Homme et le Trésor.

Un bon homme de mes parens,
Que j'ai connu dans mon jeune âge,
Se faisait adorer de tout son voisinage ;
Consulté, vénéré des petits et des grands,
Il vivait dans sa terre en véritable sage.
    Il n'avait pas beaucoup d'écus,
Mais cependant assez pour vivre dans l'aisance ;
    En revanche force vertus,
    Du sens, de l'esprit par-dessus,
Et cette aménité que donne l'innocence.
    Quand un pauvre venait le voir,
S'il avait de l'argent, il donnait des pistoles ;
Et s'il n'en avait point, du moins par ses paroles,
Il lui rendait un peu de courage et d'espoir.
    Il raccommodait les familles,
Corrigeoit doucement les jeunes étourdis,
    Riait avec les jeunes filles,
    Et leur trouvait de bons maris.
    Indulgent aux défauts des autres,
Il répétait souvent : N'avons - nous pas les nôtres ?
Ceux-ci sont nés boiteux, ceux-là sont nés bossus,
    L'un un peu moins, l'autre un peu plus,
    Là nature de cent manières
Voulut nous affliger, marchons ensemble en paix ;
    Le chemin est assez mauvais
    Sans nous jetter encor des pierres.
    Or, il arriva certain jour
Que notre bon vieillard trouva dans une tour

Un trésor caché sous la terre.
D'abord il n'y voit qu'un moyen
De pouvoir faire plus de bien ;
Il le prend, l'emporte et le serre.
Puis, en réfléchissant, le voilà qui se dit :
Cet or que j'ai trouvé ferait plus de profit,
Si j'en augmentais mon domaine ;
J'aurais plus de vassaux, je serais plus puissant.
Je peux mieux faire encor : dans la ville prochaine
Achetons une charge, et soyons président.
Président ! cela vaut la peine.
Je n'ai pas fait mon droit ; mais avec mon argent,
On m'en dispensera, puisque cela s'achète.
Tandis qu'il rêve et qu'il projette,
Sa servante vient l'avertir
Que les jeunes gens du village
Dans la cour du château sont à se divertir.
Le dimanche, c'était l'usage,
Le seigneur se plaisait à danser avec eux.
Oh! ma foi, répond-il, j'ai bien d'autres affaires
Que l'on danse sans moi. L'esprit plein de chimères
Il s'enferme tout seul pour se tourmenter mieux,
Ensuite il va joindre à sa somme
Un petit sac d'argent, reste du mois dernier.
Dans l'instant arrive un pauvre homme
Qui tout en pleurs vient le prier
De vouloir lui prêter vingt écus pour sa taille :
Le collecteur, dit-il, va me mettre en prison,
Et n'a laissé dans ma maison
Que six enfans sur de la paille.
Notre nouveau Crésus lui répond durement
Qu'il n'est point en argent comptant.
Le pauvre malheureux le regarde, soupire,
Et s'en retourne sans mot dire.

Mais il n'était pas loin, que notre bon seigneur
  Retrouve tout-à-coup son cœur ;
  Il court au paysan, l'embrasse,
  De cent écus lui fait le don,
  Et lui demande encor pardon.
Ensuite il fait crier que sur la grande place,
Le village assemblé se rende dans l'instant.
  On obéit; notre bon homme
  Arrive avec toute sa somme,
  En un seul monceau la répand.
Mes amis, leur dit-il, vous voyez cet argent:
Depuis qu'il m'appartient, je ne suis plus le même,
Mon âme est endurcie, et la voix du malheur
  N'arrive plus jusqu'à mon cœur.
Mes enfans, sauvez-moi de ce péril extrême ;
Prenez et partagez ce dangereux métal ;
Emportez votre part chacun dans votre asile :
Entre tous divisé, cet or peut-être utile ;
Réuni chez un seul, il ne fait que du mal.
  Soyons contens du nécessaire,
Sans jamais souhaiter de trésors superflus:
Il faut les redouter autant que la misère,
  Comme elle ils chassent les vertus.

FABLE III.

Le vieux Arbre et le Jardinier.

Un jardinier, dans son jardin,
  Avait un vieux arbre stérile ;
C'était un grand poirier qui jadis fut fertile :
Mais il avait vieilli, tel est notre destin.
Le jardinier ingrat veut l'abattre un matin ;
  Le voilà qui prend sa coignée.

Au premier coup l'arbre lui dit :
Respecte mon grand âge, et souviens-toi du fruit
    Que je t'ai donné chaque année.
La mort va me saisir, je n'ai plus qu'un instant,
    N'assassine pas un mourant
Qui fut ton bienfaiteur. Je te coupe avec peine,
Répond le jardinier ; mais j'ai besoin de bois.
    Alors, gazouillant à la fois,
    De rossignols une centaine
S'écrie : Epargne-le, nous n'avons plus que lui :
Lorsque ta femme vient s'asseoir sous son ombrage,
Nous la réjouissons par notre doux ramage ;
Elle est seule souvent, nous charmons son ennui.
Le jardinier les chasse et rit de leur requête ;
Il frappe un second coup. D'abeilles un essaim
Sort aussi-tôt du tronc, en lui disant : Arrête,
    Ecoute-nous, homme inhumain :
    Si tu nous laisses cet asile,
    Chaque jour nous te donnerons
Un miel délicieux dont tu peux à la ville
    Porter et vendre les rayons ;
Cela te touche-t-il ? J'en pleure de tendresse,
    Répond l'avare jardinier :
Eh ! que ne dois-je pas à ce pauvre poirier
    Qui m'a nourri dans sa jeunesse ?
Ma femme quelquefois vient ouïr ces oiseaux ;
C'en est assez pour moi : qu'ils chantent en repos.
Et vous, qui daignerez augmenter mon aisance,
Je veux pour vous de fleurs semer tout ce canton.
Cela dit, il s'en va, sûr de sa récompense,
    Et laisse vivre le vieux tronc.
    Comptez sur la reconnaissance
    Quand l'intérêt vous en répond.

FABLE IV.
La Brebis et le Chien.

La brebis et le chien, de tous les tems amis,
Se racontaient un jour leur vie infortunée.
Ah ! disait la brebis , je pleure et je frémis
Quand je songe aux malheurs de notre destinée.
Toi, l'esclave de l'homme, adorant des ingrats,
     Toujours soumis , tendre et fidèle,
     Tu reçois , pour prix de ton zèle,
     Des coups et souvent le trépas.
     Moi qui tous les ans les habille,
Qui leur donne du lait et qui fume leurs champs,
Je vois chaque matin quelqu'un de ma famille
     Assassiné par ces méchans,
Leurs confrères les loups dévorent ce qui reste.
     Victimes de ces inhumains ,
Travailler pour eux seuls , et mourir par leurs mains,
     Voilà notre destin funeste ?
Il est vrai, dit le chien : mais crois-tu plus heureux,
     Les auteurs de notre misère ?
     Va, ma sœur, il vaut encor mieux
     Souffrir le mal que de le faire.

FABLE V.
Le Troupeau de Colas.

Dès la pointe du jour , sortant de son hameau,
Colas, jeune pasteur d'un assez beau troupeau,
     Le conduisait au pâturage.
     Sur sa route il trouve un ruisseau
Que, la nuit précédente, un effroyable orage

Avait rendu torrent ; comment passer cette eau !
Chien , brebis et berger , tout s'arrête au rivage.
En faisant un circuit, l'on eût gagné le pont ;
  C'était bien le plus sûr, mais c'était le plus long:
Colas veut abréger. D'abord il considère
         Qu'il peut franchir cette rivière ;
      Et , comme ses beliers sont forts,
      Il conclut que sans grands efforts
Le troupeau sautera. Cela dit, il s'élance ;
Son chien saute après lui ; beliers d'entrer en danse,
      A qui mieux mieux , courage, allons !
      Après les beliers les moutons ;
Tout est en l'air , tout saute ; et Colas les excite
      En s'applaudissant du moyen.
Les béliers, les moutons , sautèrent assez bien !
      Mais les brébis vinrent ensuite,
Les agneaux , les vieillards, les faibles , les peureux,
      Les mutins, corps toujours nombreux ,
Qui refusaient le saut ou sautaient de colère ,
      Et, soit faiblesse, soit dépit,
      Se laissaient choir dans la rivière.
Il s'en noya le quart ; un autre quart s'enfuit,
      Et sous la dent du loup périt.
      Colas réduit à la misère,
S'apperçut, mais trop tard, que, pour un bon
      pasteur ,
      Le plus court n'est pas le meilleur.

FABLE VI.

Les deux Chats.

DEUX chats qui descendaient du fameux Rodilard,
Et dignes tous les deux de leur noble origine ;

Différaient d'embonpoint : l'un était gras à lard,
    C'était l'aîné ; sous son hermine
    D'un chanoine il avait la mine,
Tant il était dodu, potelet, frais et beau :
    Le cadet n'avait que la peau :
    Collée à sa tranchante échine.
Cependant ce cadet, du matin jusqu'au soir,
    De la cave à la goutière,
    Trottait, courait, il fallait voir !
    Sans en faire meilleure chère.
    Enfin, un jour, au désespoir,
    Il tint ce discours à son frère :
    Explique-moi par quel moyen ;
    Passant ta vie à ne rien faire,
Moi travaillant toujours, on te nourrit si bien ;
    Et moi si mal. La chose est claire,
Lui répondit l'aîné : tu cours tout le logis
Pour manger rarement quelque maigre souris....
— N'est-ce pas mon devoir ? — D'accord, cela
    peut-être :
    Mais moi je reste auprès du maître,
    Je sais l'amuser par mes tours.
Admis à ses repas sans qu'il me réprimande,
Je prends de bons morceaux, et puis je les demande
    En faisant patte de velours,
    Tandis que toi, pauvre imbécille,
    Tu ne sais rien que le servir.
    Va, le secret de réussir,
    C'est d'être adroit, non d'être utile.

FABLE VII.

Le Singe qui montre la Lanterne magique.

Messieurs les beaux esprits, dont la prose et
les vers
Sont d'un style pompeux et toujours admirable
Mais que l'on n'entend point, écoutez cette fable,
    Et tâchez de devenir clairs.
Un homme qui montrait la lanterne magique,
    Avait un singe dont les tours
    Attiraient chez lui grand concours ;
Jacqueau, c'était son nom, sur la corde élastique
    Dansait et voltigeait au mieux,
    Puis faisait le saut périlleux,
Et puis sur un cordon, sans que rien le soutienne,
    Le corps droit, fixe, d'à-plomb,
    Notre Jacqueau fait tout du long
    L'exercice à la Prussienne.
Un jour qu'au cabaret son maître était resté,
    (C'était, je pense, un jour de fête)
    Notre singe en liberté,
    Veut faire un coup de sa tête.
Il s'en va rassembler les divers animaux
    Qu'il peut rencontrer dans la ville ;
    Chiens, chats, poulets, dindons, pourceaux,
    Arrivent bientôt à la file.
Entrez, entrez, messieurs, criait notre Jacqueau ;
C'est ici, c'est ici qu'un spectacle nouveau
Vous charmera gratis. Oui, messieurs, à la porte,
On ne prend point d'argent, je fais tout pour
    l'honneur.
    A ces mots, chaque spectateur

Va se placer, et l'on apporte
La lanterne magique; on ferme les volets,
Et par un discours fait exprès,
Jacqueau prépare l'auditoire.
Ce morceau vraiment oratoire
Fit bailler ; mais on applaudit.
Content de son succès, notre singe saisit
Un verre peint, qu'il met dans sa lanterne.
Il sait comment on le gouverne,
Et crie, en le poussant : Est-il rien de pareil?
Messieurs, vous voyez le soleil,
Ses rayons et toute sa gloire.
Voici présentement la lune; et puis l'histoire
D'Adam, d'Eve et des animaux.....
Voyez, messieurs, comme ils sont beaux!
Voyez la naissance du monde ;
Voyez... Les spectateurs dans une nuit profonde,
Ecarquillaient leurs yeux et ne pouvaient rien voir;
L'appartement, le mur, tout était noir.
Ma foi, disait un chat, de toutes les merveilles
Dont il étourdit nos oreilles,
Le fait est que je ne vois rien.
Ni moi non plus, disait un chien.
Moi, disait un dindon, je vois bien quelque chose ;
Mais je ne sais pour quelle cause
Je ne distingue pas très-bien.
Pendant tous ces discours, le Cicéron moderne
Parlait éloquemment et ne se lassait point,
Il n'avait oublié qu'un point,
C'était d'éclairer sa lanterne.

FABLE VIII.
L'enfant et le Miroir.

Un enfant élevé dans un pauvre village,
Revint chez ses parens, et fut surpris d'y voir,
             Un miroir.
        D'abord il aima son image;
Et puis, par un travers bien digne d'un enfant,
        Et même d'un être plus grand,
        Il veut outrager ce qu'il aime,
Lui fait une grimace, et le miroir la rend.
        Alors son dépit est extrême;
        Il lui montre un poing menaçant,
        Et se voit menacé de même.
Notre marmot fâché s'en vient en frémissant,
        Battre cette image insolente;
Il se fait mal aux mains. Sa colère en augmente;
        Et, furieux, au désespoir,
        Le voilà devant ce miroir,
        Criant, pleurant, frappant la glace.
Sa mère, qui survient, le console, l'embrasse,
        Tarit ses pleurs, et doucement lui dit:
N'as-tu pas commencé par faire la grimace
A ce méchant enfant qui cause ton dépit?
— Oui. — Regarde à présent: tu souris, il sourit;
Tu tends vers lui les bras, il te les tend de même;
Tu n'es plus en colère, il ne se fâche plus:
De la société tu vois ici l'emblême;
        Le bien, le mal nous sont rendus.

L'Enfant et le Miroir.

FABLE IX.
Le Bouvreuil et le Corbeau.

Un bouvreuil, un corbeau, chacun dans une cage,
    Habitaient le même logis.
    L'un enchantait par son ramage
La femme, le mari, les gens, tout le ménage;
L'autre les fatiguait sans cesse de ses cris;
Il demandait du pain, du rôti, du fromage,
    Qu'on se pressait de lui porter,
    Afin qu'il voulût bien se taire.
Le timide bouvreuil ne faisait que chanter,
Et ne demandait rien; aussi, pour l'ordinaire,
    On l'oubliait; le pauvre oiseau
    Manquait souvent de grain et d'eau.
Ceux qui louaient le plus de son chant l'harmonie,
    N'auraient pas fait le moindre pas
    Pour voir si l'auge était remplie.
Ils l'aimaient bien pourtant mais ils n'y pensaient pas.
Un jour, on le trouva mort de faim dans sa cage.
Ah! quel malheur! dit-on: las! il chantait si bien,
De quoi donc est-il mort? Certes, c'est grand
    dommage!
Le corbeau crie encore et ne manque de rien.

FABLE X.
Le Cheval et le Poulain.

Un bon père cheval, veuf, et n'ayant qu'un fils,
    L'élévait dans un pâturage
    Où les eaux, les fleurs et l'ombrage

Présentaient à la fois tous les biens réunis.
Abusant pour jouir , comme on fait à cet âge ,
Le poulain tous les jours se gorgeait de sainfoin ,
     Se veautrait dans l'herbe fleurie ;
Galopait sans objet, se baignait sans envie ,
     Ou se reposait sans besoin.
Oisif et gras à lard , le jeune solitaire
S'ennuya , se lassa de ne manquer de rien ;
Le dégoût vint bientôt ; il va trouver son père :
Depuis long-tems , dit-il , je ne me sens pas bien ;
     Cette herbe est mal-saine et me tue ,
Ce trefle est sans saveur , cette onde est corrompue,
L'air qu'on respire ici m'attaque les poumons ;
     Bref je meurs si nous ne partons.
Mon fils , répond le père , il s'agit de ta vie ,
     A l'instant même il faut partir.
Sitôt dit , sitôt fait , ils quittent leur patrie.
Le jeune voyageur bondissait de plaisir :
Le vieillard, moins joyeux, allait un train plus sage;
Mais il guidait l'enfant , et le faisait gravir
Sur des monts escarpés , arides , sans herbage,
     Où rien ne pouvait le nourrir.
     Le soir vint , point de pâturage ;
     On s'en passa. Le lendemain ,
Comme l'on commençait à souffrir de la faim ,
On prit du bout des dents une ronce sauvage.
On ne galopa plus le reste du voyage ;
A peine après deux jours, allait-on même au pas.
     Jugeant alors la leçon faite ,
Le père va reprendre une route secrète
     Que son fils ne connaissait pas ,
     Et le ramène à sa prairie
Au milieu de la nuit. Dès que notre poulain
     Retrouve un peu l'herbe fleurie ,

Il se jette dessus : Ah! l'excellent festin!
La bonne herbe! dit-il; comme elle est douce et tendre!
   Mon père il ne faut pas s'attendre
   Que nous puissions rencontrer mieux ;
Fixons-nous pour jamais dans ces aimables lieux :
Quel pays peut valoir cet asile champêtre ?
Comme il parlait ainsi, le jour vint à paraître :
Le poulain reconnaît le pré qu'il a quitté;
Il demeure confus. Le père, avec bonté,
Lui dit : Mon cher enfant, retiens cette maxime :
Quiconque jouit trop est bientôt dégoûté,
   Il faut au bonheur du régime.

FABLE XI.

L'Eléphant blanc.

Dans certains pays de l'Asie,
  On révère les éléphans,
   Sur-tout les blancs.
  Un palais est leur écurie,
  On les sert dans des vases d'or,
Tout homme à leur aspect s'incline vers la terre ;
  Et les peuples se font la guerre
  Pour s'enlever ce beau trésor.
Un de ces éléphans, grand penseur, bonne tête,
Voulut savoir un jour d'un de ses conducteurs
   Ce qui lui valait tant d'honneurs,
Puisqu'au fond comme un autre il n'était qu'une bête.
Ah! répond le cornac, c'est trop d'humilité;
   L'on connaît votre dignité,
Et toute l'Inde sait qu'au sortir de la vie
Les âmes des héros qu'a chéris la patrie,

6

S'en vont habiter quelque tems
Dans le corps des éléphans blancs.
Nos talapoins l'ont dit, ainsi la chose est sûre.
— Quoi! vous nous croyez des héros?
— Sans doute. — Et sans cela nous serions en repos,
Jouissant dans les bois des biens de la nature?
— Oui, seigneur. — Mon ami, laisse-moi donc partir,
Car on t'a trompé, je t'assure;
Et, si tu veux y réfléchir,
Tu verras bientôt l'imposture:
Nous sommes fiers et caressans,
Modérés, quoique tout-puissans;
On ne nous voit point faire injure
A plus faible que nous; l'amour dans notre cœur
Reçoit des lois de la pudeur;
Malgré la faveur où nous sommes,
Les honneurs n'ont jamais altéré nos vertus:
Quelles preuves faut-il de plus?
Comment nous croyez-vous des hommes?

FABLE XII.

Le Phénix.

Le phénix venant d'Arabie,
Dans nos bois parut un beau jour :
Grand bruit chez les oiseaux; leur troupe réunie
Vole pour lui faire sa cour.
Chacun l'observe, l'examine;
Son plumage, sa voix, son chant mélodieux,
Tout est beauté, grâce divine,
Tout charme l'oreille et les yeux.
Pour la première fois on vit céder l'envie
Au besoin de louer et d'aimer son vainqueur.

Le rossignol disait : Jamais tant de douceur
        N'enchanta mon ame ravie.
Jamais; disait le paon, de plus belles couleurs
        N'ont eut cet éclat que j'admire;
Il éblouit mes yeux, et toujours les attire.
Les autres répétaient ces éloges flatteurs,
        Vantaient le privilège unique
De ce roi des oiseaux, de cet enfant du ciel,
Qui, vieux, sur un bûcher, de cèdre aromatique,
Se consume lui même et renaît immortel.
Pendant tous ces discours, la seule tourterelle
        Sans rien dire fit un soupir.
        Son époux, la poussant de l'aîle,
        Lui demande d'où peut venir
        Sa rêverie et sa tristesse :
De cet heureux oiseau desires-tu le sort?
        —Moi! mon ami, je le plains fort;
        Il est seul de son espèce.

FABLE XIII.

La Pie et la Colombe.

Une colombe avait son nid
        Tout auprès du nid d'une pie.
Cela s'appelle avoir mauvaise compagnie,
D'accord; mais de ce point pour l'heure il ne s'agit.
        Au logis de la tourterelle
        Ce n'était qu'amour et bonheur ;
        Dans l'autre nid toujours querelle
        OEufs cassés, tapage et rumeur.
Lorsque par son époux la pie était battue,
        Chez sa voisine elle venait.

Là jasait, criait, se plaignait,
Et faisait la longue revue
Des défauts de son cher époux :
Il est fier, exigeant, dur, emporté, jaloux ;
De plus, je sais fort bien qu'il va voir des corneilles ;
Et cent autres choses pareilles
Qu'elle disait dans son courroux.
Mais vous, répond la tourterelle,
Etes-vous sans défauts ? Non, j'en ai, lui dit-elle ;
Je vous le confie entre nous :
En conduite, en propos, je suis assez légère,
Coquette comme on l'est, par foi un peu colère,
Et me plaisant souvent à le faire enrager :
Mais qu'est-ce cela ?—C'est beaucoup trop, ma chère,
Commencez par vous corriger ;
Votre humeur peut l'aigrir. Qu'appelez-vous ma mie ?
Intérompt aussi-tôt la pie :
Moi de l'humeur ! Comment ! je vous conte mes maux,
Et vous m'injuriez ! Je vous trouve plaisante :
Adieu, petite impertinente ;
Mêlez-vous de vos tourtereaux.
Nous convenons de nos défauts,
Mais c'est pour qu'on nous les démente.

FABLE XIV.

L'éducation du Lion.

ENFIN le roi lion venait d'avoir un fils ;
Par-tout dans ses états on se livrait en proie,
Aux transports éclatans d'une bruyante joie :
Les rois heureux ont tant d'amis !
Sire lion, monarque sage,
Songeoit à confier son enfant bien aimé

Aux soins d'un gouverneur vertueux, estimé,
Sous qui le lionceau fit son apprentissage.

Vous jugez qu'un choix pareil
Est d'assez grande importance
Pour que long-tems on y pense.

Le monarque indécis assemble son conseil :
En peu de mots il expose
Le point dont il s'agit, et supplie instamment
Chacun des conseillers, de nommer franchement
Celui qu'en conscience il croit propre à la chose.
Le tigre se leva : Sire, dit-il, les rois
N'ont de grandeur que par la guerre ;
Il faut que votre fils soit l'effroi de la terre :
Faites donc tomber votre choix
Sur le guerrier le plus terrible,
Le plus craint après vous des hôtes de ce bois.
Votre fils saura tout, s'il sait être invincible.
L'ours fut de cet avis : il ajouta pourtant
Qu'il fallait un guerrier prudent,
Un animal de poids, de qui l'expérience
Du jeune lionceau sût régler la vaillance
Et mettre à profit ses exploits.
Après l'ours, le renard s'explique,
Et soutient que la politique
Est le premier talent des rois ;
Qu'il faut donc un Mentor d'une finesse extrême
Pour instruire le prince et pour le bien former.
Ainsi chacun, sans se nommer,
Clairement s'indiqua soi-même :
De semblables conseils sont communs à la cour.
Enfin le chien parle à son tour :
Sire, dit-il, je sais qu'il faut faire la guerre,
Mais je crois qu'un bon roi ne la fait qu'à regret ;

6*

L'art de tromper ne me plait guère :
Je connais un plus beau secret
Pour rendre heureux l'état , pour en être le père ,
Pour tenir ses sujets , sans trop les alarmer ,
Dans une dépendance entière ;
Ce secret c'est de les aimer.
Voilà , pour bien régner , la science suprême;
Et , si vous désirez la voir dans votre fils ,
Sire , montrez-là-lui vous même.
Tout le conseil resta muet à cet avis.
Le lion court au chien : Ami, je te confie
Le bonheur de l'état et celui de ma vie ,
Prends mon fils , sois son maître, et , loin de tout
flatteur ,
S'il se peut , va former son cœur.
Il dit, et le chien part avec le jeune prince.
D'abord à son pupille il persuade bien
Qu'il n'est point lionceau, qu'il n'est qu'un pauvre
chien ,
Son parent éloigné ; de province en province
Il le fait voyager , montrant à ses regards
Les abus du pouvoir , des peuples la misère,
Les lièvres, les lapins mangés par les renards ,
Les moutons par le loup , les cerfs par la panthère,
Par-tout le faible terrassé ,
Le bœuf travaillant sans salaire ,
Et le singe récompensé.
Le jeune lionceau frémissait de colère :
Mon père , disait-il , de pareils attentats
Sont-ils connus du roi? Comment pourraient-ils l'être,
Disait le chien : les grands approchent seuls du maître,
Et les mangés ne parlent pas.
Ainsi, sans raisonner de vertu , de prudence,
Notre jeune lion devenait tous les jours

Vertueux et prudent ; car c'est l'expérience
Qui corrige, et non les discours.
A cette bonne école, il acquit avec l'âge ,
Sagesse , esprit, force et raison.
Que lui fallait-il davantage ?
Il ignorait pourtant encor qu'il fût lion ;
Lorsqu'un jour qu'il parlait de sa reconnaissance
A son maître , à son bienfaiteur,
Un tigre furieux, d'une énorme grandeur ,
Paraissant tout-à-coup , contre le chien s'avance;
Le lionceau plus prompt s'élance,
Il hérisse ses crins, il rugit de fureur ,
Bat ses flancs de sa queue , et ses griffes sanglantes
Ont bientôt dispersé les entrailles fumantes
De son redoutable ennemi.
A peine il est vainqueur, qu'il court à son ami :
Oh! quel bonheur pour moi d'avoir sauvé ta vie !
Mais quel est mon étonnement!
Sais-tu que l'amitié , dans cet heureux moment,
M'a donné d'un lion la force et la furie ?
Vous l'êtes, mon cher fils, oui, vous êtes mon roi,
Dit le chien tout baigné de larmes.
Le voilà donc venu ce moment plein de charmes,
Où , vous rendant enfin tout ce que je vous dois,
Je peux vous dévoiler un important mystère!
Retournons à la cour , mes travaux sont finis.
Cher prince , malgré moi, cependant je gémis,
Je pleure, pardonnez , tout l'état trouve un père,
Et moi je vais perdre mon fils.

FABLE XV.

Le Grillon.

Un pauvre petit grillon
Caché dans l'herbe fleurie,
Regardait un papillon
Voltigeant dans la prairie.
L'insecte ailé brillait des plus vives couleurs ;
L'azur, le pourpre et l'or éclataient sur ses ailes ;
Jeune, beau, petit-maître, il court de fleurs en fleurs,
Prenant et quittant les plus belles.
Ah ! disait le grillon, que son sort et le mien
Sont différens ! Dame nature
Pour lui fit tout, et pour moi rien.
Je n'ai point de talent, encor moins de figure ;
Nul ne prend garde à moi, l'on m'ignore ici-bas :
Autant vaudrait n'exister pas.
Comme il parlait, dans la prairie
Arrive une troupe d'enfans :
Aussi-tôt les voilà courans
Après ce papillon dont ils ont tous envie.
Chapeaux, mouchoirs, bonnets, servent à l'attraper.
L'insecte vainement cherche à leur échapper,
Il devient bientôt leur conquête.
L'un le saisit par l'aîle, un autre par le corps ;
Un troisième survient et le prend par la tête :
Il ne fallait pas tant d'efforts
Pour déchirer la pauvre bête.
Oh ! oh ! dit le grillon, je ne suis plus fâché ;
Il en coûte trop cher pour briller dans le monde.
Combien je vais aimer ma retraite profonde !
Pour vivre heureux, vivons caché.

FABLE XVI.

Le danseur de corde et le Balancier.

Sur la corde tendue un jeune voltigeur
Apprenait à danser : et déjà son adresse ,
    Ses tours de force , de souplesse ,
    Faisaient venir maint spectateur,
Sur son étroit chemin , on le voit qui s'avance ,
Le Balancier en main, l'air libre , le corps droit,
    Hardi, léger autant qu'adroit ;
Il s'élève , descend , va , vient , plus haut s'élance ,
    Retombe, remonte en cadence ,
    Et , semblable à certains oiseaux
Qui rasent en volant la surface des eaux ,
    Son pied touche , sans qu'on le voie,
A la corde qui plie et dans l'air le renvoie.
Notre jeune danseur , tout fier de son talent ,
Dit un jour : A quoi bon ce balancier pesant
    Qui me fatigue et m'embarrasse.
Si je dansais sans lui , j'aurais bien plus de grâce ,
    De force et de légèreté.
Aussi-tôt fait que dit , le balancier jetté ,
Notre étourdi chancelle , étend les bras , et tombe.
Il se cassa le nez , et tout le monde en rit.
Jeunes gens , jeunes gens , ne vous a-t-on pas dit
Que sans règle et sans frein tôt ou tard on succombe ?
La vertu , la raison , les lois , l'autorité,
Dans vos desirs fougueux vous causent quelque peine ;
    C'est le balancier qui vous gêne ,
    Mais qui fait votre sûreté.

FABLE XVII.

La jeune Poule et le vieux Renard.

Une poulette jeune et sans expérience,
          En trottant, cloquetant, grattant,
          Se trouva, je ne sais comment,
Fort loin du poulaillier, berceau de son enfance.
Elle s'en apperçut quand il était déjà tard.
Comme elle y retournait, voici qu'un vieux Renard
          A ses yeux troublés se présente.
          La pauvre poulette tremblante
          Recommanda son âme à Dieu.
          Mais le renard, s'approchant d'elle,
          Lui dit : Hélas ! mademoiselle ;
          Votre frayeur m'étonne peu ;
          C'est la faute de mes confrères,
Gens de sac et de corde, infâmes ravisseurs,
          Dont les appétits sanguinaires
          Ont rempli la terre d'horreurs.
Je ne puis les changer, mais du moins je travaille
          A préserver par mes conseils
          L'innocente et faible volaille
          Des attentats de mes pareils.
Je ne me trouve heureux qu'en me rendant utile ;
Et j'allais de ce pas jusques dans votre asile
Pour avertir vos sœurs qu'il court un mauvais bruit,
C'est qu'un certain renard, méchant autant qu'habile,
          Doit vous attaquer cette nuit.
Je viens veiller pour vous. La crédule innocente
          Vers le poulaillier le conduit ;
          A peine est-il dans ce réduit,
Qu'il tue, étrangle, égorge, et sa griffe sanglante

Entasse les mourans sur la terre étendus,
Comme fit Diomède au quartier de Rhésus.
  Il croqua tout, grandes, petites,
Coqs, poulets et chapons; tout périt sous ses dents.
  La pire espèce des méchans
  Est celle des vieux hypocrites.

FABLE XVIII.

Les deux Persans.

CETTE pauvre raison dont l'homme est si jaloux,
N'est qu'un pâle flambeau qui jette autour de nous
  Une triste et faible lumière;
Par-delà c'est la nuit. Le mortel téméraire
Qui veut y pénétrer, marche sans savoir où.
Mais, ne point profiter de ce bienfait suprême,
Eteindre son esprit, et s'aveugler soi-même,
  C'est un autre excès non moins foux.
  En Perse; il fut jadis deux frères,
Adorant le soleil, suivant l'antique loi.
  L'un d'eux, chancelant dans sa foi,
  N' stimant rien que ses chimères,
Prétendait méditer, connaître, approfondir
  De son Dieu la sublime essence;
Et du matin au soir, afin d'y parvenir,
L'œil toujours attaché sur l'astre qu'il encense,
Il voulait expliquer le secret de ses feux.
Le pauvre philosophe y perdit les deux yeux.
Et dès-lors du soleil il nia l'existence.
  L'autre était crédule et bigot;
  Effrayé du sort de son frère,
Il y vit de l'esprit l'abus trop ordinaire,
Et mit tous ses efforts à devenir un sot.

On vient à bout de tout; le pauvre solitaire
Avait peu de chemin à faire,
Il fut content de lui bientôt.
Mais, de peur d'offenser l'astre qui nous éclaire
En portant jusqu'à lui des regards indiscrets,
Il se fit un trou sous la terre,
Et condamna ses yeux à ne le voir jamais.
Humains, pauvres humains, jouissez des bienfaits
D'un Dieu que vainement la raison veut comprendre,
Mais que l'on voit partout, mais qui parle à nos cœurs,
Sans vouloir deviner ce qu'on ne peut apprendre,
Sans rejetter les dons que sa main sait répandre,
Employons notre esprit à devenir meilleurs.
Nos vertus au Très-Haut sont le plus digne hommage,
Et l'homme juste est le seul sage.

FABLE XIX.

Myson.

MYSON fut connu dans la Grèce
Par son amour pour la sagesse;
Pauvre, libre, content, sans soins, sans embarras,
Il vivait dans les bois, seul, méditant sans cesse,
Et par-fois riant aux éclats.
Un jour deux Grecs vinrent lui dire:
De ta gaîté, Myson, nous sommes tous surpris:
Tu vis seul; comment peut-tu rire?
Vraiment, répondit-il, voilà pourquoi je ris.

FIN DU LIVRE SECOND.

LIVRE TROISIÈME.

FABLE PREMIÈRE.

Les Singes et le Léopard.

Des singes dans un bois jouaient à la main chaude;
    Certaine guenon mauricaude,
Assise gravement, tenait sur ses genoux
La tête de celui qui, courbant son échine,
    Sur sa main recevait les coups
    On frappait fort, et puis devine!
Il ne devinait point; c'était alors des ris,
    Des sauts, des gambades, des cris.
Attiré par le bruit du fond de sa tanière,
Un jeune léopard, prince assez débonnaire,
Se présente au milieu de nos singes joyeux.
Tout tremble à son aspect. Continuez vos jeux,
Leur dit le léopard, je n'en veux à personne:
    Rassurez-vous, j'ai l'âme bonne,
Et je viens même ici, comme particulier,
    A vos plaisirs m'associer.
    Jouons, je suis de la partie.
    Ah! Monseigneur, quelle bonté
Quoi! votre altesse veut, quittant sa dignité,
Descendre jusqu'à nous! — Oui, c'est ma fantaisie.
Mon altesse eut toujours de la philosophie,
    Et sait que tous les animaux
    Sont égaux.
Jouons donc, mes amis, jouons, je vous en prie.
Les singes enchantés crurent à ce discours,
    Comme l'on y croira toujours.

7

Toute la troupe joviale
Se remet à jouer: l'un d'entre eux tend la main ;
Le léopard frappe, et soudain
On voit couler du sang sous la griffe royale.
Le singe cette fois devina qui frappait ;
Mais il s'en alla sans rien dire.
Ses compagnons faisaient semblant de rire,
Et le léopard seul riait.
Bientôt chacun s'excuse et s'échappe à la hâte,
En se disant entre leurs dents :
Ne jouons point avec les grands,
Le plus doux a toujours des griffes à la patte.

FABLE II.

L'Inondation.

DES laboureurs vivaient paisibles et contens
Dans un riche et nombreux village ;
Dès l'aurore ils allaient travailler à leurs champs,
Le soir ils revenaient chantans
Au sein d'un tranquille ménage ;
Et la nature bonne et sage,
Pour prix de leurs travaux, leur donnait tous les ans
De beaux bleds et de beaux enfans.
Mais il faut bien souffrir, c'est notre destinée.
Or, il arriva qu'une année,
Dans le mois où le blond Phébus
S'en va faire visite au brûlant Sirius,
La terre, de sucs épuisée,
Ouvrant de toutes parts son sein,
Haletait sous un ciel d'airain:
Point de pluie et point de rosée.
Sur un sol crevassé l'on voit noircir le grain,

Les épis sont brûlés, et leurs têtes penchées
    Tombent sur leurs tiges séchées.
    On trembla de mourir de faim ;
La commune s'assemble. En hâte on délibère ;
    Et chacun, comme à l'ordinaire,
    Parle beaucoup et rien ne dit.
Enfin quelques vieillards, gens de sens et d'esprit,
    Proposèrent un parti sage :
Mes amis, dirent-ils, d'ici vous pouvez-voir
    Ce mont peu distant du village ;
Là se trouve un grand lac, immense réservoir
Des souterraines eaux qui s'y font un passage.
Allez saigner ce lac ; mais sachez ménager
    Un petit nombre de saignées,
Afin qu'à votre gré vous puissiez diriger
Ces bienfaisantes eaux dans vos terres baignées.
Juste quand il faudra, nous les arrêterons.
Prenez bien garde au moins... Oui, oui, courons,
    courons,
    S'écrie aussi-tôt l'assemblée.
    Et voilà mille jeunes gens
Armés d'hoyaux, de pics, et d'autres instrumens,
Qui volent vers le lac : la terre est travaillé
Tout autour de ses bords ; on perce en cent endroits
    A la fois ;
D'un morceau de terrein chaque ouvrier se charge :
    Courage ! allons ! point de repos !
L'ouverture jamais ne peut être assez large.
Cela fut bientôt fait. Avant la nuit, les eaux
Tombant de tout leur poids sur leur digue affaiblie,
    De partout roulent à grands flots.
Transports et complimens de la troupe ébahie,
    Qui s'admire dans ses travaux.
Le lendemain matin, ce ne fut pas de même :

On voit flotter les bleds sur un océan d'eau ;
Pour sortir du village il faut prendre un bateau :
Tout est perdu, noyé. La douleur est extrême,
On s'en prend aux vieillards : C'est vous, leur di-
sait-on ,

Qui nous coûtez notre moisson ;

Votre maudit conseil.... Il était salutaire ,
Répondit un d'entre eux; mais ce qu'on vient de faire
Est fort loin du conseil comme de la raison.
Nous voulions un peu d'eau, vous nous lâchez la
bonde ;

L'excès d'un très-grand bien devient un mal très-
grand :

Le sage arrose doucement ,

L'insensé tout de suite inonde.

FABLE III.

Les deux Bacheliers.

Deux jeunes bacheliers logés chez un docteur,
Y travaillaient avec ardeur

A se mettre en état de prendre leurs licences.
Là, du matin au soir, en public disputant,
Prouvant, divisant, ergotant

Sur la nature et ses substances,

L'infini, le fini, l'âme, la volonté,
Les sens, le libre arbitre et la nécessité,
Ils en étaient bientôt à ne plus se comprendre :
Même par là souvent l'on dit qu'ils commençaient,
Mais c'est alors qu'ils se poussaient

Les plus beaux argumens ; qui venait les entendre,
Bouche béante demeurait,

Et leur professeur même en extase admirait.

Une nuit qu'ils dormaient dans le grenier du maître
Sur grabat commun, voilà mes jeunes gens
  Qui, dans un rêve, pensent être
  A se disputer sur les bancs.
Je démontre, dit l'un. Je distingue, dit l'autre.
Or, voici mon dilemme. Ergo, voici le nôtre.....
A ces mots, nos rêveurs, crians, gesticulans,
Au lieu de s'en tenir aux simples argumens
D'Aristote ou de Scot, soutiennent leur dilemme
  De coups de poing bien assenés
   Sur le nez.
Tous deux sautent du lit dans une rage extrême,
  Se saisissent par les cheveux,
Tombent, et font tomber pêle-mêle avec eux
Tous les meubles qu'ils ont, deux chaises une table,
Et quatre in-folios écrits sur parchemin.
Le professeur arrive une chandelle en main,
  A ce tintamare effroyable:
Le diable est donc ici! dit-il tout hors de soi:
Comment! sans y voir clair et sans savoir pourquoi,
Vous vous battez ainsi! Quelle mouche vous pique?
Nous ne nous battons point, disent-ils; jugez mieux,
  C'est que nous repassons tous deux
  Nos leçons de métaphysique.

FABLE IV.

Le Rhinocéros et le Dromadaire.

Un rhinocéros jeuné et fort
 Disait un jour au dromadaire:
Expliquez-moi, s'il vous plaît, mon cher frère,
D'où peut venir pour nous l'injustice du sort.

L'homme, cet animal puissant par son adresse,
Vous recherche avec soin, vous loge, vous chérit,
    De son pain même vous nourrit,
    Et croit augmenter sa richesse
    En multipliant votre espèce.
    Je sais bien que sur votre dos
Vous portez ses enfans, sa femme, ses fardeaux,
Que vous êtes léger, doux, sobre, infatigable;
J'en conviens franchement: mais le rhinocéros
    Des mêmes vertus est capable.
Je crois même, soit dit sans vous mettre en courroux,
    Que tout l'avantage est pour nous:
    Notre corne et notre cuirasse
    Dans les combats pourraient servir;
    Et cependant l'homme nous chasse,
Nous méprise, nous hait, et nous force à le fuir.
    Ami, répond le dromadaire,
    De notre sort ne soyez point jaloux;
C'est peu de servir l'homme, il faut encor lui plaire.
Vous êtes étonné qu'il nous préfère à vous:
Mais de cette faveur voici tout le mystère,
    Nous savons plier les genoux.

FABLE V.

Le Rossignol et le Paon.

L'AIMABLE et tendre Philomèle,
Voyant commencer les beaux jours,
Racontait à l'écho fidèle
Et ses malheurs et ses amours.
Le plus beau paon du voisinage,
Maître et sultan de ce canton,
Elevant la tête et le ton,

Vint interrompre son ramage :
C'est bien à toi, chantre ennuyeux,
Avec un si triste plumage,
Et ce long bec, et ces gros yeux,
De vouloir charmer ce bocage !
A la beauté seule il va bien
D'oser célébrer la tendresse :
De quel droit chantes-tu sans cesse ?
Moi, qui suis beau, je ne dis rien.
Pardon, répondit Philomèle :
Il est vrai, je ne suis pas belle ;
Et si je chante dans ce bois,
Je n'ai de titre que ma voix.
Mais vous, dont la noble arrogance
M'ordonne de parler plus bas,
Vous vous taisez par impuissance,
Et n'avez que vos seuls appas.
Ils doivent éblouir sans doute ;
Est-ce assez pour se faire aimer ?
Allez, puisqu'Amour n'y voit goutte,
C'est l'oreille qu'il faut charmer.

FABLE VI.

Le Lièvre, ses Amis, et les deux Chevreuils.

Un lièvre de bon caractère
Voulait avoir beaucoup d'amis.
Beaucoup ! me direz-vous, c'est une grande affaire ;
J'en conviens ; mais mon lièvre avait cette marote,
Et ne savait pas qu'Aristote
Disait aux jeunes Grecs à son école admis :
Mes amis, il n'est point d'amis.
Sans cesse il s'occupait d'obliger et de plaire ;
S'il passait un lapin, d'un air doux et civil,

Vite il courait à lui : Mon cousin, disait-il,
J'ai du beau serpolet tout près de ma tanière;
De déjeuner chez moi faites-moi la faveur.
S'il voyait un cheval paître dans la campagne,
Il allait l'aborder : Peut-être monseigneur
A-t-il besoin de boire, au pied de la montagne
　　　Je connais un lac transparent
Qui n'est jamais ridé par le moindre zéphyre:
　　　Si monseigneur veut, dans l'instant
　　　J'aurai l'honneur de l'y conduire.
　　　Ainsi pour tous les animaux,
　Cerfs, moutons, coursiers, daims, taureaux,
Complaisant, empressé, toujours rempli de zèle,
Il voulait de chacun faire un ami fidèle,
Et s'en croyait aimé parce qu'il les aimait.
Certain jour que, tranquille, en son gîte il dormait,
Le bruit du cor l'éveille, il décampe au plus vîte;
　　　Quatre chiens s'élancent après,
　　　Un maudit piqueur les excite,
Et voilà notre lièvre arpentant les guérets.
Il va, tourne, revient, aux mêmes lieux repasse,
　　　Saute, franchit un long espace
Pour dévoyer les chiens, et, prompt comme l'éclair,
　　　Gagne pays, et puis s'arrête :
　　　Assis, les deux pattes en l'air,
L'œil et l'oreille au guet, il élève la tête,
Cherchant s'il ne voit point quelqu'un de ses amis.
　　　Il apperçoit dans des taillis
Un lapin que toujours il traita comme un frère;
Il y court : Par pitié, sauve-moi, lui dit-il,
　　　Donne retraite à ma misère,
Ouvre-moi ton terrier ; tu vois l'affreux péril...
Ah! que j'en suis fâché! répond d'un air tranquille
Le lapin : je ne puis t'offrir mon logement,

Ma femme accouche en ce moment,
Sa famille et la mienne ont rempli mon asile;
Je te plains bien sincèrement,
Adieu, mon cher ami. Cela dit, il s'échappe,
Et voici la meute qui jappe.
Le pauvre lièvre part. A quelques pas plus loin,
Il rencontre un taureau que, cent fois au besoin,
Il avait obligé; tendrement il le prie
D'arrêter un moment cette meute en furie,
Qui de ses cornes aura peur.
Hélas! dit le taureau, ce serait de grand cœur:
Mais des génisses la plus belle
Est seule dans ce bois, je l'entends qui m'appelle;
Et tu ne voudrais pas retarder mon bonheur.
Disant ces mots, il part. Notre lièvre, hors d'haleine,
Implore vainement un daim, un cerf dix cors,
Ses amis les plus sûrs; ils l'écoutent à peine;
Tant ils ont peur du bruit des cors.
Le pauvre infortuné, sans force et sans courage,
Allait se rendre aux chiens, quand, du milieu du bois,
Deux chevreuils reposant sous le même feuillage,
Des chasseurs entendent la voix:
L'un d'eux se lève et part, la meute sanguinaire
Quitte le lièvre et court après.
En vain le piqueur en colère
Crie, et jure, et se fâche; à travers les forêts
Le chevreuil emmène la chasse,
Va faire un long circuit, et revient au buisson
Où l'attendait son compagnon,
Qui dans l'instant part à sa place.
Celui-ci fait de même; et pendant tout le jour,
Les deux chevreuils lancés et quittés tour-à-tour,
Fatiguent la meute obstinée.
Enfin les chasseurs tout honteux,

Prennent le bon parti de retourner chez eux.
  Déjà la retraite est sonnée,
Et les chevreuils rejoints. Le lièvre palpitant,
S'approche et leur raconte en les félicitant,
Que ses nombreux amis, dans ce péril extrême,
L'avaient abandonné. Je n'en suis pas surpris,
Répond un des chevreuils : à quoi bon tant d'amis ?
  Un seul suffit quand il nous aime.

FABLE VII.

Le Renard qui prêche.

Un vieux renard cassé, goutteux, apoplectique,
  Mais instruit, éloquent, disert,
  Et sachant très-bien sa logique,
  Se mit à prêcher au désert.
Son style était fleuri, sa morale excellente.
Il prouvait en trois points que la simplicité ;
  Les bonnes mœurs, la probité,
Donnent à peu de frais cette félicité
  Qu'un monde imposteur nous présente,
Et nous fait payer cher sans la donner jamais.
Notre prédicateur n'avait aucun succès ;
Personne ne venait, hors cinq ou six marmotes,
  Ou bien quelques biches dévotes
Qui vivaient loin du bruit, sans entour, sans faveur,
Et ne pouvaient pas mettre en crédit l'orateur.
Il prit le bon parti de changer de matière,
Prêcha contre les ours, les tigres, les lions,
  Contre leurs appétits gloutons,
  Leur soif, leur rage sanguinaire.
Tout le monde accourut alors à ses sermons :
Cerfs, gazelles, chevreuils, y trouvaient mille charmes ;
L'auditoire sortait toujours baigné de larmes ;

Et le nom du renard devint bientôt fameux.
　　　Un lion, roi de la contrée,
Bon homme au demeurant, et vieillard fort pieux,
　　　De l'entendre fut curieux.
Le renard fut charmé de faire son entrée
A la cour : il arrive, il prêche. et, cette fois,
Se surpassant lui-même, il tonne, il épouvante
　　　Les féroces tyrans des bois,
Peint la faible innocence à leur aspect tremblante,
Implorant chaque jour la justice trop lente
　　　Du maître et du juge des rois.
Les courtisans surpris de tant de hardiesse,
　　　Se regardaient sans dire rien ;
　　　Car le roi trouvait cela bien.
La nouveauté par fois fait aimer la rudesse.
Au sortir du sermon, le monarque enchanté
Fit venir le renard : Vous avez su me plaire,
Lui dit-il ; vous m'avez montré la vérité :
　　　Je vous dois un juste salaire ;
Que me demandez-vous pour prix de vos leçons ?
Le renard répondit : Sire, quelques dindons.

FABLE VIII.

Le Roi Alphonse.

CERTAIN roi qui régnait sur les rives du Tage,
　　　Et que l'on surnomma *le Sage*,
　　　Non parce qu'il était prudent,
　　　Mais parce qu'il était savant,
Alphonse, fut surtout un habile astronome.
Il connaissait le ciel bien mieux que son royaume,
　　　Et quittait souvent son conseil
　　　Pour la lune ou pour le soleil.
Un soir qu'il retournait à son observatoire,

Entourré de ses courtisans ;
Mes amis, disait-il, enfin j'ai lieu de croire
Qu'avec mes nouveaux instrumens
Je verrai, cette nuit, des hommes dans la lune.
Votre majesté les verra,
Répondait-on ; la chose est même trop commune,
Elle doit voir mieux que cela.
Pendant tous ces discours, un pauvre, dans la rue,
S'approche en demandant humblement chapeau bas,
Quelques maravédis ; le roi ne l'entend pas,
Et, sans le regarder, son chemin continue.
Le pauvre suit le roi, toujours tendant la main,
Toujours renouvelant sa prière importune :
Mais, les yeux vers le ciel, le roi, pour tout refrain,
Répétait : Je verrai des hommes dans la lune.
Enfin le pauvre le saisit
Par son manteau-royal, et gravement lui dit :
Ce n'est pas de là-haut, c'est des lieux ou nous sommes
Que Dieu vous a fait souverain.
Regardez à vos pieds ; là vous verrez des hommes,
Et des hommes manquant de pain.

FABLE IX.

Le Sanglier et les Rossignols.

Un homme riche, sot et vain,
Qualités qui par fois marchent de compagnie,
Croyait pour tous les arts avoir un goût divin,
Et pensait que son or lui donnait du génie.
Chaque jour à sa table on voyait réunis
Peintres, sculpteurs, savans, artistes, beaux esprits,
Qui lui prodiguaient les hommages,
Lui montraient des dessins, lui lisaient des ouvrages,

Ecoutaient les conseils qu'il daignait leur donner,
Et l'appelaient Mécène en mangeant son dîner.
Se promenant un soir dans son parc solitaire,
Suivi d'un jardinier, homme instruit et de sens,
Il vit un sanglier qui labourait la terre,
Comme ils font quelquefois pour aiguiser leurs dents.
Autour du sanglier, les merles, les fauvettes,
Sur-tout les rossignols, voltigeant, s'arrêtant,
Répétaient à l'envi leurs douces chansonnettes,
   Et le suivaient toujours chantant.
L'animal écoutait l'harmonieux ramage
Avec la gravité d'un docte connaisseur,
Baissait par fois la hure en signe de faveur,
Ou bien, la secouant, refusait son suffrage.
   Qu'est-ce ci? dit le financier :
   Comment ! les chantres du bocage
Pour leur juge ont choisi cet animal sauvage !
   Nenni, répond le jardinier :
De la terre, par lui fraîchement labourée,
Sont sortis plusieurs vers, excellente curée
   Qui seule attire ces oiseaux;
   Ils ne se tiennent à sa suite
   Que pour manger ces vermisseaux,
Et l'imbécille croit que c'est pour son mérite.

FABLE X.

Hercule au Ciel.

Lorsque le fils d'Alcmène, après ses longs travaux,
Fut reçu dans le ciel, tous les dieux s'empressèrent
De venir au-devant de ce fameux héros.
Mars, Minerve, Vénus, tendrement l'embrassèrent;

Junon même lui fit un accueil assez doux.
Hercule transporté les remerciait tous ,
Quand Plutus , qui voulait être aussi de la fête ,
Vint d'un air insolent lui présenter la main.
Le héros irrité passe en tournant la tête.
          Mon fils , lui dit alors Jupin ,
Que t'a donc fait ce dieu ? D'où vient que la colère,
          A son aspect , trouble tes sens ?
          — C'est que je le connais , mon père ,
          Et presque toujours , sur la terre ,
          Je l'ai vu l'ami des méchans.

FABLE XI.

La Balance de Minos.

M inos , ne pouvant plus suffire
Au fatiguant métier d'entendre et de juger
Chaque ombre descendue au ténébreux empire,
          Imagina , pour abréger,
          De faire une balance ,
Où , dans l'un des bassins , il mettait à la fois
Cinq ou six morts ; dans l'autre un certain poids
          Qui déterminait la sentence.
Si le poids s'élevait , alors plus à loisir
          Minos examinait l'affaire;
          Si le poids baissait au contraire ,
          Sans scrupule il faisait punir.
La méthode était sûre , expéditive et claire;
Minos s'en trouvait bien. Un jour, en même tems,
          Au bord du Styx la mort rassemble
Deux rois, un grand ministre, un héros, trois savans.
          Minos les fait peser ensemble :
          Le poids s'élève, il en met deux ;

Et puis trois , c'est en vain ; quatre ne font pas mieux.
Minos , un peu surpris , ôte de la balance
Ces inutiles poids , cherche un autre moyen ;
Et , près de là voyant un pauvre homme de bien ,
Qui dans un coin obscur attendait en silence ,
   Il le met seul en contre-poids :
Et les six ombres alors s'élèvent à la fois.

FABLE XII.

La Chenille.

Un jour, causant entr'eux , différens animaux
  Louaient beaucoup le ver-à-soie :
Quel talent, disaient-ils , cet insecte déploie
En composant ses fils si doux , si fins , si beaux ,
  Qui de l'homme font la richesse !
Tous vantaient son travail, exaltaient son adresse;
Une chenille seule y trouvait des défauts :
Aux animaux surpris en faisait la critique,
  Disait des mais, et puis des si.
Un renard s'écria : Messieurs , cela s'explique ;
  C'est que madame file aussi.

FABLE XIII.

L'Hermine , le Castor et le Sanglier.

Une hermine, un castor, un jeune sanglier,
Cadets de leur famille , et partant sans fortune,
  Dans l'espoir d'en acquérir une,
Quittèrent leur forêt , leur étang, leur hallier.
Après un long voyage, après mainte aventure ,
  Ils arrivent dans un pays
  Où s'offrent à leurs yeux ravis

Tous les trésors de la nature,
Des prés, des eaux, des bois, des vergers pleins de
fruits.
Nos pélerins, voyant cette terre chérie,
Eprouvent les mêmes transports
Qu'Enée et ses Troyens en découvrant les bords
Du royaume de Lavinie.
Mais ce riche pays était de toutes parts
Entouré d'un marais de bourbe,
Où des serpens et des lésards
Se jouait l'effroyable tourbe.
Il fallait le passer, et nos trois voyageurs
S'arrêtent sur le bord, étonnés et rêveurs.
L'hermine la première avance un peu la patte ;
Elle la retire aussi-tôt,
En arrière elle fait un saut,
En disant : Mes amis, fuyons en grande hâte ;
Ce lieu, tout beau qu'il est, ne peut nous convenir :
Pour arriver là-bas, il faudrait se sâlir ;
Et moi je suis si délicate,
Qu'une tache me fait mourir.
Ma sœur, dit le castor, un peu de patience ;
On peut, sans se tacher quelquefois réussir ;
Il faut alors du tems et de l'intelligence :
Nous avons tout cela : pour moi, qui suis maçon,
Je vais en quinze jours vous bâtir un beau pont
Sur lequel nous pourrons, sans craindre les morsures
De ces vilains serpens, sans gâter nos fourrures,
Arriver au milieu de ce charmant vallon.
Quinze jours ! ce terme est bien long,
Répond le sanglier : moi, j'y serai plus vîte ;
Vous allez voir comment. En prononçant ces mots,
Le voilà qui se précipite
Au plus fort du bourbier, s'y plonge jusqu'au dos,

Les Enfans et les Perdreaux.

A travers les serpens, les lésards, les crapauds,
Marche, pousse à son but, arrive plein de boue ;
      Et là, tandis qu'il se secoue,
Jettant à ses amis un regard de dédain,
Apprenez, leur dit-il, comme on fait son chemin.

FABLE XIV.

Les Enfans et les Perdreaux.

Deux enfans d'un fermier, gentils, espiègles, beaux,
      Mais un peu gâtés par leur père,
      Cherchant des nids dans leur enclos,
      Trouvèrent des petits perdreaux
      Qui voletaient après leur mère.
Vous jugez de la joie, et comment mes bambins
      A la troupe qui s'éparpille,
      Vont par-tout couper les chemins,
      Et n'ont pas assez de leurs mains
      Pour prendre la pauvre famille !
La perdrix, traînant l'aîle, appelant ses petits,
      Tourne en vain, voltige, s'approche,
      Déjà mes jeunes étourdis
      Ont toute sa couvée en poche.
Ils veulent partager, comme de bons amis ;
Chacun en garde six, il en reste un treizième ;
      L'aîné le veut, l'autre le veut aussi.
Tirons au doigt mouillé. — Parbleu non. — Parbleu si.
— Cède, ou bien tu verras. — Mais tu verras toi-même.
De propos en propos, l'aîné, peu patient,
      Jette à la tête de son frère
Le perdreau disputé. Le cadet en colère
      D'un des siens riposte à l'instant.

                   8*

L'aîné recommence d'autant ;
Et ce jeu qui leur plaît couvre autour d'eux la terre
De pauvres perdreaux palpitans.
Le fermier, qui passait en revenant des champs,
Voit ce spectacle sanguinaire,
Accourt, et dit à ses enfans :
Comment donc ! petits rois, vos discordes cruelles
Font que tant d'innocens expirent par vos coups ;
De quel droit, s'il vous plaît dans vos tristes querelles,
Faut-il que l'on meure pour vous ?

FABLE XV.

Le Perroquet.

Un gros perroquet gris, échappé de sa cage,
Vint s'établir dans un bocage ;
Et là, prenant le ton de nos faux connaisseurs,
Jugeant tout, blâmant tout d'un air de suffissance,
Au chant du rossignol il trouvait des longueurs,
Critiquait surtout sa cadence.
Le linot, selon lui, ne savait pas chanter ;
La fauvette aurait fait quelque chose peut-être,
Si de bonne heure il eût été son maître,
Et qu'elle eût voulu profiter.
Enfin aucun oiseau n'avait l'art de lui plaire ;
Et, dès qu'ils commençaient leurs joyeuses chansons
Par des coups de sifflet répondant à leurs sons,
Le perroquet les faisait taire.
Lassés de tant d'affronts, tous les oiseaux du bois
Viennent lui dire un jour : Mais parlez donc, beau sire,
Vous qui sifflez toujours, faites qu'on vous admire ;
Sans doute vous avez une brillante voix,
Daignez chanter pour nous instruire.
Le perroquet dans l'embarras,

Se gratte un peu la tête, et finit par leur dire :
Messieurs, je siffle bien, mais je ne chante pas.

FABLE XVI.
Le Renard déguisé.

Un renard plein d'esprit, d'adresse, de prudence,
A la cour d'un lion servait depuis long-tems ;
    Les succès les plus éclatans
Avaient prouvé son zèle et son intelligence.
Pour peu qu'on l'employât, toute affaire allait bien.
On le louait beaucoup, mais sans lui donner rien ;
Et l'habile renard était dans l'indigence.
    Lassé de servir des ingrats,
De réussir toujours sans en être plus gras,
Il s'enfuit de la cour ; dans un bois solitaire
    Il s'en va trouver son grand-père,
Vieux renard retiré, qui jadis fut visir.
Là, contant ses exploits, et puis les injustices,
    Les dégoûts qu'il eut à souffrir,
Il demande pourquoi de si nombreux services
    N'ont jamais pu rien obtenir.
Le bon homme renard, avec sa voix cassée,
Lui dit : Mon cher enfant, la semaine passée,
Un blaireau, mon cousin, est mort dans ce terrier :
    C'est moi qui suis son héritier.
J'ai conservé sa peau ; mets-la dessus la tienne,
Et retourne à la cour. Le renard avec peine
Se soumit au conseil : affublé de la peau
    De feu son cousin le blaireau,
Il va se regarder dans l'eau d'une fontaine,
Se trouve l'air d'un sot, tel qu'était le cousin.
Tout honteux, de la cour il reprend le chemin.
Mais, quelques mois après, dans un riche équipage,

Entouré de valets, d'esclaves, de flatteurs;
     Comblé de dons et de faveurs,
Il vient de sa fortune au vieillard faire hommage:
Il était grand visir. Je te l'avais bien dit,
     S'écrie alors le vieux grand-père;
Mon ami, chez les grands quiconque voudra plaire,
     Doit d'abord cacher son esprit.

FABLE XVII.

Le Hibou, le Chat, l'Oison et le Rat.

DE jeunes écoliers avaient pris dans un trou
     Un hibou,
Et l'avaient élevé dans la cour du collége.
     Un vieux chat, un jeune oison,
Nourris par le portier, étaient en liaison
Avec l'oiseau; tous trois avaient le privilège
D'aller et de venir par toute la maison.
     A force d'être dans la classe,
     Ils avaient orné leur esprit,
     Savaient par cœur Dénys d'Halicarnasse
Et tout ce qu'Hérodote et Tite-Live ont dit.
Un soir, en disputant (des docteurs c'est l'usage),
Ils comparaient entre eux les peuples anciens.
Ma foi, disait le chat, c'est aux Égyptiens
Que je donne le prix : c'était un peuple sage,
Un peuple ami des lois, instruit, discret, pieux,
     Rempli de respect pour ses dieux;
Cela seul, à mon gré, lui donne l'avantage.
     J'aime mieux les Athéniens,
Répondit le hibou: que d'esprit! que de grace!
     Et dans les combats quelle audace!
Que d'aimables héros parmi leurs citoyens!
A-t-on jamais plus fait avec moins de moyens?

Des nations c'est la première.
Parbleu, dit l'oison en colère,
Messieurs, je vous trouve plaisans :
Et les Romains que vous en semble ?
Est-il un peuple qui rassemble
Plus de grandeur, de gloire et de faits éclatans ?
Dans les arts, comme dans la guerre,
Ils ont surpassé vos amis.
Pour moi, ce sont mes favoris :
Tout doit céder le pas aux vainqueurs de la terre.
Chacun des trois pédans s'obstine en son avis,
Quand un rat, qui de loin entendait la dispute,
Rat savant, qui mangeait des thêmes dans sa hutte,
Leur cria : Je vois bien d'où viennent vos débats :
L'Egypte vénérait les chats,
Athènes les hibous, et Rome au Capitole,
Aux dépens de l'état nourrissait des oisons :
Ainsi notre intérêt est toujours la boussole
Que suivent nos opinions.

FABLE XVIII.
Le Parricide.

Un fils avait tué son père.
Ce crime affreux n'arrive guère
Chez les tigres, les ours, mais l'homme le commet.
Ce parricide eut l'art de cacher son forfait,
Nul ne le soupçonna : farouche et solitaire,
Il fuyait les humains, il vivait dans les bois,
Espérant échapper aux remords comme aux lois.
Certain jour on le vit détruire à coups de pierre
Un malheureux nid de moineaux.
Eh ! que vous ont fait ces oiseaux ?
Qui demande un passant : pourquoi tant de colère ?

Ce qu'ils m'ont fait? répond le criminel,
Ces oisillons menteurs, que confonde le ciel,
Me reprochent d'avoir assassiné mon père.
Le passant le regarde : il se trouble, il pâlit:
      Sur son front son crime se lit :
Conduit devant le juge, il l'avoue et l'expie.
      O des vertus dernière amie,
Toi qu'on voudrait en vain éviter ou tromper,
Conscience terrible, on ne peut t'échapper!

FABLE XIX.

L'Amour et sa mère.

Quand la belle Vénus, sortant du sein des mers
promena ses regards sur la plaine prefonde,
Elle se crut d'abord seule dans l'univers.
Mais près d'elle aussi-tôt l'amour naquit de l'onde.
Vénus lui fit un signe, il embrassa Vénus ;
Et se reconnaissant sans s'être jamais vus,
Tous deux sur un dauphin voguèrent vers la plage.
      Comme ils approchaient du rivage,
L'Amour, qu'elle portait, s'échappe de ses bras,
Et lance plusieurs traits, en criant: Terre! terre!
Que faites-vous, mon fils? lui dit alors sa mère.
Maman, répondit-il, j'entre dans mes états.

FIN DU LIVRE TROISIÈME.

LIVRE QUATRIÈME.

FABLE PREMIÈRE.
Le savant et le Fermier.

QUE j'aime les héros dont je conte l'histoire !
Et qu'à m'occuper d'eux je trouve de douceur !
J'ignore s'ils pourront m'acquérir de la gloire,
     Mais je sais qu'ils font mon bonheur.
Avec les animaux je veux passer ma vie ;
     Ils sont si bonne compagnie !
Je conviens cependant et c'est avec douleur ,
     Que tous n'ont pas le même cœur :
Plusieurs que l'on connaît, sans qu'ici je les nomme,
     De nos vices ont bonne part ;
Mais je les trouve encor moins dangereux que
       l'homme,
Et, fripon pour fripon, je préfère un renard.
     C'est ainsi que pensait un sage,
     Un bon fermier de mon pays.
Depuis quatre-vingts ans, de tout le voisinage
On venait écouter et suivre ses avis ;
Chaque mot qu'il disait était une sentence :
Son exemple sur-tout aidait son éloquence ;
Et lorsqu'environné de ses quarante enfans,
     Fils, petits-fils, brus , gendres , filles,
Il jugeait les procès ou réglait les familles,
Nul n'eût osé mentir devant ses cheveux blancs.
Je me souviens qu'un jour dans son champêtre asile,
     Il vint un savant de la ville.
Qui dit au bon vieillard : Mon père enseignez-moi
     Dans quel auteur , dans quel ouvrage

Vous apprîtes l'art d'être sage.
Chez quelle nation, à la cour de quel roi,
    Avez-vous été, comme Ulysse,
    Prendre des leçons de justice ?
Suivez-vous de Zénon la rigoureuse loi ?
Avez-vous embrassé la secte d'Epicure,
Celle de Pythagore, ou du divin Platon ?
De tous ces messieurs - là je ne sais pas le nom,
Répondit le vieillard : mon livre est la nature ;
    Et mon unique précepteur,
      C'est mon cœur.
Je vois les animaux, j'y trouve le modèle
    Des vertus que je dois chérir :
    La colombe m'apprit à devenir fidèle ;
En voyant la fourmi, j'amassai pour jouir :
    Mes bœufs m'enseignent la constance,
Mes brebis la douceur, mes chiens la vigilance ;
    Et si j'avais besoin d'avis
    Pour aimer mes filles, mes fils,
La poule et ses poussins me serviraient d'exemple.
Ainsi dans l'univers tout ce que je contemple
M'avertit d'un devoir qu'il m'est doux de remplir.
Je fais souvent du bien pour avoir du plaisir,
J'aime et je suis aimé, mon ame est tendre et pure,
    Et toujours selon ma mesure
    Ma raison sait régler mes vœux :
    J'observe et je suis la nature,
    C'est mon secret pour être heureux.

FABLE II.

L'Ecureuil, le Chien et le Renard.

Un gentil écureuil était le camarade,
    Le tendre ami d'un beau danois.

Un jour qu'ils voyageaient comme Oreste et Pylade,
    La nuit les surprit dans un bois.
En ce lieu point d'auberge; ils eurent de la peine
    A trouver où se bien coucher.
Enfin le chien se mit dans le creux d'un vieux chène,
Et l'écureuil plus haut grimpa pour se nicher.
    Vers minuit, c'est l'heure des crimes,
    Long-tems après que nos amis,
En se disant bon soir, se furent endormis,
Voici qu'un vieux renard affamé de victimes,
Arrive au pied de l'arbre, et levant le museau,
    Voit l'écureuil sur un rameau.
Il le mange des yeux, humecte de sa langue
Ses lèvres, qui de sang brûlent de s'abeuvrer.
Mais jusqu'à l'écureuil il ne peut arriver;
    Il faut donc par une harangue
L'engager à descendre, et voici son discours:
    Ami, pardonnez, je vous prie,
Si de votre sommeil j'ose troubler le cours;
Mais le pieux transport dont mon ame est remplie,
Ne peut se contenir: je suis votre cousin
    Germain;
Votre mère était sœur de feu mon digne père.
Cet honnête homme, hélas! à son heure dernière,
M'a tant recommandé de chercher son neveu,
    Pour lui donner moitié du peu
Qu'il m'a laissé de bien! Venez donc, mon cher frère,
    Venez, par un embrassement,
Combler le doux plaisir que mon ame ressent.
Si je pouvais monter jusqu'aux lieux où vous êtes,
Oh! j'y serais déjà, soyez-en bien certain.
    Les écureuils ne sont pas bêtes,
    Et le mien était fort malin.

Il reconnaît le patelin ,
Et répond, d'un ton doux : je meurs d'impatience
De vous embrasser , mon cousin ;
Je descends : mais, pour mieux lier la connaissance,
Je veux vous présenter mon plus fidèle ami ,
Un parent qui prit soin de nourrir mon enfance ;
Il dort dans ce trou-là : frappez un peu ; je pense
Que vous serez charmé de le connaître aussi.
Aussi-tôt maître renard frappe,
Croyant en manger deux : mais le fidèle chien
S'élance de l'arbre , le happe ,
Et vous l'étrangle bel et bien.
Ceci prouve deux points : d'abord qu'il est utile
Dans la douce amitié de placer son bonheur ;
Puis , qu'avec de l'esprit il est souvent facile
Au piége qu'il nous tend de surprendre un trompeur.

FABLE III.

Le Courtisan et le dieu Protée.

On en veut trop aux courtisans ;
On va criant par-tout qu'à l'Etat inutiles ,
Pour leur seul intérêt ils se montrent habiles :
Ce sont discours de médisans.
J'ai lu, je ne sais où , qu'autrefois en Syrie,
Ce futun courtisan qui sauva sa patrie.
Voici comment : Dans le pays
La peste avait été portée ,
Et ne devait cesser que quand le dieu Protée
Dirait là-dessus son avis.
Ce dieu , comme l'on sait, n'est pas facile à vivre :
Pour le faire parler, il faut long-tems le suivre ,
Près de son antre l'épier,

Le surprendre, et puis le lier,
Malgré la figure effrayante
Qu'il prend et quitte à volonté.
Certain vieux courtisan, par le roi député,
Devant le Dieu marin tout-à-coup se présente.
Celui-ci, surpris, irrité,
Se change en noir serpent ; sa gueule empoisonnée
Lance et retire un dard messager du trépas,
Tandis que, dans sa marche oblique et détournée,
Il glisse sur lui-même, et d'un pli fait un pas.
Le courtisan sourit : Je connais cette allure,
Dit-il, et mieux que toi je sais mordre et ramper ;
Il court alors pour l'attraper :
Mais le dieu change de figure ;
Il devient tour-à-tour loup, singe, linx, renard.
Tu veux me vaincre dans mon art,
Disait le courtisan : mais, depuis mon enfance,
Plus que ces animaux, avide, adroit, rusé,
Chacun de ces tours-là pour moi se trouve usé.
Changer d'habit, de mœurs, même de conscience,
Je ne vois rien là que d'aisé.
Lors il saisit le dieu, le lie,
Arrache son oracle, et retourne vainqueur.
Ce trait nous prouve, ami lecteur,
Combien un courtisan peut servir la patrie.

FABLE IV.

Le Hibou et le Pigeon.

Que mon sort est affreux ! s'écriait un hibou.
Vieux, infirme, souffrant, accablé de misère,
Je suis isolé sur la terre,
Et jamais un oiseau n'est venu dans mon trou
Consoler un moment ma douleur solitaire.

Un pigeon entendit ces mots,
Et courut auprès du malade :
Hélas ! mon pauvre camarade,
Lui dit-il , je plains bien vos maux.
Mais je ne comprends pas qu'un hibou de votre âge
Soit sans épouse , sans parens ,
Sans enfans ou petits-enfans.
N'avez-vous point serré les nœuds du mariage
Pendant le cours de vos beaux ans ?
Le hibou répondit : Non vraiment , mon cher frère;
Me marier ! Et pourquoi faire ?
J'en connais trop le danger.
Vouliez-vous que je prisse une jeune chouette
Bien étourdie et bien coquette ,
Qui me trahît sans cesse ou me fît enrager ,
Qui me donnât des fils d'un méchant caractère ,
Ingrats, menteurs , mauvais sujets,
Désirant en secret le trépas de leur père ?
Car c'est ainsi qu'ils sont tous faits.
Pour des parens , je n'en ai guère,
Et ne les vis jamais : ils sont durs, exigeans,
Pour le moindre sujet s'irritent ,
N'aiment que ceux dont ils héritent;
Encor ne faut-il pas qu'ils attendent long-tems.
Tout frère ou tout cousin nous déteste et nous pille.
Je ne suis pas de votre avis ,
Répondit le pigeon. Mais parlons des amis;
Des orphelins c'est la famille :
Vous avez dû près d'eux trouver quelques douceurs
—Les amis! ils sont tous trompeurs.
J'ai connu deux hibous qui tendrement s'aimèrent
Pendant quinze ans , et certain jour ,
Pour une souris s'égorgèrent.
Je crois à l'amitié moins encor qu'à l'amour.

— Mais ainsi, Dieu me le pardonne !
Vous n'avez donc aimé personne ?
— Ma foi non, soit dit entre nous.
— En ce cas-là, mon cher, de quoi vous plaignez-
vous ?

FABLE V.
La Vipère et la Sang-sue.

La vipère disait un jour à la sang-sue :
Que notre sort est différent !
On vous cherche, on me fuit : si l'on peut, on me tue ;
Et vous, aussi-tôt qu'on vous prend,
Loin de craindre votre blessure,
L'homme vous donne de son sang
Une ample et bonne nourriture :
Cependant vous et moi faisons même piqûre.
La citoyenne de l'étang
Répond : Oh que nenni, ma chère :
La vôtre fait du mal, la mienne est salutaire.
Par moi, plus d'un malade obtient sa guérison,
Par vous, tout homme sain trouve une mort cruelle :
Entre nous deux, je crois, la différence est belle :
Je suis remède et vous poison.

Cette fable aisément s'explique :
C'est là satire et la critique.

FABLE VI.
Le Pacha et le Dervis.

Un Arabe, à Marseille, autrefois m'a conté
Qu'un pacha Turc, dans sa patrie,

9*

Vint porter certain jour un coffret cacheté
Au plus sage dervis qui fût en Arabie.
Ce coffret, lui dit-il, renferme des rubis,
   Des diamans d'un très-grand prix :
    C'est un présent que je veux faire
    A l'homme que tu jugeras
    Etre le plus fou de la terre.
   Cherche bien tu le trouveras.
Muni de son coffret, notre bon solitaire
S'en va courir le monde. Avait-il donc besoin
    D'aller loin ?
L'embarras de choisir était sa grande affaire :
Des fous toujours plus fous venaient de toutes parts
   Se présenter à ses regards.
   Notre pauvre dépositaire
Pour l'offrir à chacun saisissait le coffret :
   Mais un pressentiment secret
   Lui conseillait de n'en rien faire,
   L'assurait qu'il trouverait mieux.
   Errant ainsi de lieux en lieux,
   Embarrassé de son message,
   Enfin, après un long voyage,
Notre homme et le coffret arrivent un matin
   Dans la ville de Constantin.
   Il trouve tout le peuple en joie :
Que s'est-il donc passé ? Rien, lui dit un iman ;
C'est notre grand visir que le sultan envoie,
   Au moyen d'un lacet de soie,
   Porter au prophète un firman.
Le peuple rit toujours de ces sortes d'affaires ;
   Et, comme ce sont des misères,
Notre empereur souvent lui donne ce plaisir.
Souvent ?--Oui.--C'est fort bien. Votre nouveau visir
Est-il nommé ? -- Sans doute, et le voilà qui passe.

Le dervis, à ces mots, court, traverse la place,
Arrive, et reconnaît le pacha son ami.
Bon ! te voilà ! dit celui-ci :
Et le coffret ? -- Seigneur, j'ai parcouru l'Asie :
J'ai vu des fous parfaits, mais sans oser choisir.
Aujourd'hui ma course est finie,
Daignez l'accepter, grand visir.

FABLE VII.

Le Laboureur de Castille.

Le plus aimé des rois est toujours le plus fort.
En vain la fortune l'accable ;
En vain mille ennemis ligués avec le sort ;
Semblent lui présager sa perte inévitable :
L'amour de ses sujets, colonne inébranlable.
Rend inutile leurs efforts.
Le petit-fils d'un roi, grand par son malheur même,
Philippe, sans argent, sans troupes, sans crédit,
Chassé par l'Anglais de Madrid,
Croyait perdu son diadême.
Il fuyait presque seul, déplorant son malheur :
Tout-à-coup à ses yeux s'offre un vieux laboureur,
Homme franc, simple et droit, aimant plus que sa vie
Ses enfans et son roi, sa femme et sa patrie ;
Parlant peu de vertu, la pratiquant beaucoup,
Riche et pourtant aimé ; cité dans les Castilles
Comme l'exemple des familles.
Son habit filé par ses filles,
Etait ceint d'une peau de loup.
Sous un large chapeau, sa tête bien à l'aise,
Faisait voir des yeux vifs et des traits basanés,
Et ses moustaches de son nez
Descendaient jusques sur sa fraise.

Douze fils le suivaient, tous grands, beaux, vigoureux.
Un mulet chargé d'or était au milieu d'eux.
   Cet homme dans cet équipage,
Devant le roi s'arrête, et lui dit: Où vas-tu?
   Un revers t'a-t-il abattu?
Vainement l'archiduc a sur toi l'avantage;
C'est toi qui régneras, car c'est toi qu'on chérit.
   Qu'importe qu'on t'ait pris Madrid?
Notre amour t'est resté, nos corps sont tes murailles;
Nous périrons pour toi dans les champs de l'honneur
   Le hasard gagne les batailles;
Mais il faut des vertus pour gagner notre cœur.
Tu l'as, tu régneras. Notre argent, notre vie,
Tout est à toi, prends tout. Grâces à quarante ans
   De travail et d'économie,
Je peux t'offrir cet or. Voici mes douze enfans,
Voilà douze soldats: malgré mes cheveux blancs,
Je ferai le treizième; et, la guerre finie,
Lorsque tes généraux, tes officiers, tes grands,
Viendront te demander, pour prix de leur service,
   Des biens, des honneurs, des rubans,
Nous ne demanderons que repos et justice,
C'est tout ce qu'il nous faut. Nous autres, pauvres
   gens,
Nous fournissons au roi du sang et des richesses;
   Mais, loin de briguer ses largesses,
   Moins il donne et plus nous l'aimons.
Quand tu seras heureux, nous fuirons ta présence,
   Nous te bénirons en silence:
   On t'a vaincu, nous te cherchons.
Il dit, tombe à genoux. D'une main paternelle
Philippe le relève en poussant des sanglots;
Il presse dans ses bras ce sujet si fidèle,
Veut parler et les pleurs interrompent ses mots.

Bientôt, selon la prophétie
Du bon vieillard, Philippe fut vainqueur,
Et sur le trône d'Ibérie
N'oublia point le laboureur.

FABLE VIII.

Le Paon, les deux Oisons et le Plongeon.

Un paon faisait la roue, et les autres oiseaux
    Admiraient son brillant plumage.
Deux oisons nasillards, d'un fond du marécage
    Ne remarquaient que ses défauts.
Regarde, disait l'un, comme sa jambe est faite,
    Comme ses pieds sont plats, hideux.
Et son cri, disait l'autre, est si mélodieux,
    Qu'il fait fuir jusqu'à la chouette.
Chacun riait alors du mot qu'il avait dit.
    Tout-à-coup un plongeon sortit :
Messieurs, leur cria-t-il, vous voyez d'une lieue
Ce qui manque à ce paon : c'est bien voir j'en conviens;
Mais votre chant, vos pieds, sont plus laids que les
    siens,
    Et vous n'aurez jamais sa queue.

FABLE IX.

L'avare et son fils.

Par je ne sais quelle aventure,
Un avare, un beau jour voulant se bien traiter,
    Au marché courut acheter
    Des pommes pour sa nourriture.
    Dans son armoire il les porta,
    Les compta, rangea, recompta,

Ferma les doubles tours de sa double serrure,
   Et chaque jour les visita.
    Ce malheureux dans sa folie,
   Les bonnes pommes ménageoit.
Mais, lorsqu'il en trouvait quelqu'une de pourrie,
   En soupirant il la mangeait.
Son fils, jeune écolier, faisant fort maigre chère,
Découvrit à la fin les pommes de son père.
Il attrape les clefs, et va dans ce réduit,
Suivi de deux amis d'excellent appétit.
Or vous pouvez juger le dégât qu'ils y firent,
   Et combien de pommes périrent!
   L'avare arrive en ce moment,
   De douleur, d'effroi palpitant:
Mes pommes, criait-il: coquins, il faut les rendre,
   Ou je vais tous vous faire pendre.
Mon père, dit le fils, calmez-vous, s'il vous plait;
   Nous sommes d'honnêtes personnes:
   Et quel tort vous avons-nous fait?
   Nous n'avons mangé que les bonnes.

FABLE X.

L'Habit d'Arlequin.

Vous connaissez ce quai nommé de la Ferraille,
Où l'on vend des oiseaux, des hommes et des fleurs:
A mes fables souvent c'est là que je travaille;
J'y vois des animaux, et j'observe leurs mœurs.
Un jour de mardi-gras, j'étais à la fenêtre
   D'un oiseleur de mes amis,
   Quand sur le quai je vis paraître
Un petit arlequin leste, bien fait, bien mis,
Qui, la batte à la main, d'une grâce légère,
Courait après un masque en habit de bergère.
Le peuple applaudissait par des ris, par des cris.

Tout près de moi, dans une cage,
Trois oiseaux étrangers de différent plumage,
    Perruche, cardinal, serin,
    Regardaient aussi l'arlequin.
La perruche disait : J'aime peu son visage :
Mais son charmant habit n'eut jamais son égal ;
Il est d'un si beau vert ! Vert ! dit le cardinal :
    Vous n'y voyez donc pas, ma chère ?
    L'habit est rouge assurément ;
    Voilà ce qui le rend charmant.
    Oh ! pour celui-là, mon compère,
Répondit le serin, vous n'avez pas raison,
    Car l'habit est jaune-citron ;
Et c'est ce jaune-là qui fait tout son mérite.
-- Il est vert. -- Il est jaune. -- Il est rouge, morbleu !
    Interrompt chacun avec feu ;
    Et déja le trio s'irrite.
Amis, appaisez-vous, leur crie un bon pivert ;
    L'habit est jaune, rouge et vert.
Cela vous surprend fort ; voici tout le mystère :
Ainsi que bien de gens d'esprit et de savoir,
Mais qui d'un seul côté regardent une affaire,
    Chacun de vous ne veut y voir
    Que la couleur qui sait lui plaire.

FABLE XI.

Le Lapin et la Sarcelle.

Unis dès leurs jeunes ans
D'une amitié fraternelle,
Un lapin, une sarcelle
Vivaient heureux et contens.
Le terrier du lapin était sur la lisière
    D'un parc bordé d'une rivière.

Soir et matin nos bons amis,
Profitant de ce voisinage,
Tantôt au bord de l'eau, tantôt sous le feuillage,
L'un chez l'autre étaient réunis.
Là, prenant leurs repas, se contant des nouvelles,
Ils n'en trouvaient point de si belles
Que de se répéter qu'ils s'aimeraient toujours
Ce sujet revenait sans cesse en leurs discours.
Tout était en commun, plaisir, chagrin, souffrance:
Ce qui manquait à l'un, l'autre le regrettait;
Si l'un avait du mal, son ami le sentait;
Si d'un bien au contraire il goûtait l'espérance,
Tous deux en jouissaient d'avance.
Tel était leur destin, lorsqu'un jour, jour affreux!
Le lapin, pour dîner, venant chez la sarcelle,
Ne la retrouve plus: inquiet, il l'appelle;
Personne ne répond à ses cris douloureux.
Le lapin, de frayeur l'âme toute saisie,
Va, vient, fait mille tours, cherche dans les roseaux.
S'incline par-dessus les flots,
Et voudrait s'y plonger pour trouver son amie.
Hélas! s'écriait-il, m'entends-tu? réponds-moi,
Ma sœur, ma compagne chérie,
Ne prolonge pas mon effroi:
Encor quelques momens, c'en est fait de ma vie;
J'aime mieux expirer que de trembler pour toi.
Disant ces mots, il court, il pleure,
Et, s'avançant le long de l'eau,
Arrive enfin près du château
Où le seigneur du lieu demeure.
Là, notre désolé lapin
Se trouve au milieu d'un parterre,
Et voit une grande volière
Où mille oiseaux divers volaient sur un bassin,
L'amitié donne du courage.

Notre ami sans rien craindre, approche du grillage
Regarde, et reconnaît... ô tendresse! ô bonheur!
La sarcelle : aussi-tôt il pousse un cri de joie,
Et, sans perdre de tems à consoler sa sœur,
      De ses quatre pieds il s'emploie
      A creuser un secret chemin
Pour joindre son amie, et, par ce souterrain,
Le lapin tout-à-coup entre dans la volière,
Comme un mineur qui prend une place de guerre.
Les oiseaux effrayés se pressent en fuyant.
Lui court à la sarcelle, il l'entraîne à l'instant
Dans son obscur sentier, la conduit sous la terre,
Et, la rendant au jour, il est prêt à mourir
      De plaisir.
Quel moment pour tous deux! Que ne sais-je le
      peindre
      Comme je saurais le sentir !
Nos bons amis croyaient n'avoir plus rien à craindre,
Ils n'étaient pas au bout. Le maître du jardin,
En voyant le dégât commis dans sa volière,
Jure d'exterminer jusqu'au dernier lapin :
Mes fusils, mes furets, criait-il en colère.
      Aussi-tôt fusils et furets
      Sont tout prêts.
Les gardes et les chiens vont dans les jeunes taillȩs,
      Fouillant les terriers, les broussailles ;
Tout lapin qui paraît trouve un affreux trépas :
Les rivages du Styx sont bordés de leurs mânes ;
      Dans le funeste jour de Cannes
      On mit moins de Romains à bas.
La nuit vient ; tant de sang n'a point éteint la rage
Du seigneur, qui remit au lendemain matin
      La fin de l'horrible carnage.

Pendant ce tems, notre lapin ,
Tapi sous des roseaux auprès de la sarcelle,
Attendait en tremblant la mort ,
Mais conjurait sa sœur de fuir à l'autre bord
Pour ne pas mourir devant elle.
Je ne te quitte point, lui répondait l'oiseau ;
Nous séparer serait la mort la plus cruelle.
Ah ! si tu pouvais passer l'eau !
Pourquoi pas ? Attends-moi... La sarcelle le quitte,
Et revient traînant un vieux nid
Laissé par des canards ; elle l'emplit bien vîte
De feuilles de roseaux, les presse, les unit
Des pieds, du bec, en forme un batelet capable
De supporter un lourd fardeau ;
Puis elle attache à ce vaisseau
Un brin de jonc qui servira de cable.
Cela fait, et le bâtiment
Mis à l'eau, le lapin entre tout doucement
Dans le léger esquif, s'assied sur son derrière ,
Tandis que devant lui la sarcelle nageant
Tire le brin de jonc, et s'en va dirigeant
Cette nef à son cœur si chère.
On aborde, on débarque, et jugez du plaisir !
Non loin du port on va choisir
Un asyle où , coulant des jours dignes d'envie,
Nos bons amis, libres, heureux,
Aimèrent d'autant plus la vie ,
Qu'ils se la devaient tous les deux.

FABLE XII.

Le Milan et le Pigeon.

Un milan plumait un pigeon.
Et lui disait : Méchante bête ,

Je te connais, je sais l'aversion
Qu'ont pour moi tes pareils ; te voilà ma conquête!
Il est des dieux vengeurs. Hélas! je le voudrais,
Répondit le pigeon. O comble des forfaits!
S'écria le milan, quoi! ton audace impie
   Ose douter qu'il soit des dieux?
J'allais te pardonner ; mais, pour ce doute affreux,
   Scélérat, je te sacrifie.

FABLE XIII.

La Fauvette et le Rossignol.

UNE fauvette dont la voix
Enchantait les échos par sa douceur extrême,
Espéra surpasser le rossignol lui-même,
Et lui fit un défi. L'on choisit dans le bois
Un lieu propre au combat : Les juges se placèrent ;
   C'étaient le linot, le serin,
   Le rouge-gorge et le tarin.
Tous les autres oiseaux derrière eux se perchèrent.
Deux vieux chardonnerets et deux jeunes pinsons
furent gardes du camp ; le merle était trompette,
Il donne le signal. Aussi-tôt la fauvette
   Fait entendre les plus doux sons :
   Avec adresse elle varie
De ses accens filés la touchante harmonie,
Et ravit tous les cœurs par ses tendres chansons.
L'assemblée applaudit. Bientôt on fait silence ;
   Alors le rossignol commence :
   Trois accords purs, égaux, brillans,
Que termine une juste et parfaite cadence,
   Sont le prélude de ses chants.
   Ensuite son gosier flexible,
Parcourant sans efforts tous les tons de sa voix,

Tantôt vif et pressé , tantôt lent et sensible,
  Etonne et ravit à la fois.
Les juges cependant demeuraient en balance.
Le linot , le serin , de la fauvette amis ,
  Ne voulaient point donner le prix :
Les autres disputaient. L'assemblée en silence
  Ecoutait leurs doctes avis ,
Lorsqu'un geai s'écria : Victoire à la fauvette !
  Ce mot décida sa défaite :
  Pour le rossignol aussi-tôt
L'aréopage ailé tout d'une voix s'explique.
  Ainsi le suffrage d'un sot
  Fait plus de mal que sa critique.

FABLE XIV.
Le procès des deux Renards.

Que je hais cet art de pédant,
  Cette logique captieuse ,
Qui d'une chose claire en fait une douteuse,
D'un principe erroné tire subtilement
  Une conséquence trompeuse ,
  Et raisonne en déraisonnant !
Les grecs ont inventé cette belle manière :
Ils ont fait plus de mal qu'ils ne croyaient en faire.
Que Dieu leur donne paix ! Il s'agit d'un renard ,
Grand argumentateur , célèbre babillard ;
  Et qui montrait la Rhétorique.
  Il tenait école publique ,
Avait des écoliers qui payaient en poulets.
Un d'eux qu'on destinait à plaider au palais,
Devait payer son maître à la première cause
  Qu'il gagnerait : ainsi la chose
Avait été réglée et d'une et d'autre part.

Son cours étant fini, mon écolier renard
     Intente un procès à son maître ,
Disant qu'il ne doit rien. Devant le léopard
     Tous les deux s'en vont comparaître
     Monseigneur , disait l'écolier ,
  Si je gagne , c'est clair , je ne dois rien payer.
     Si je perds , nulle est sa créance :
     Car il convient que l'échéance
     N'en devait arriver qu'après
    Le gain de mon premier procès ;
Or , ce procès perdu , je suis quitte , je pense :
     Mon dilemme est certain. Nenni ,
     Répondait aussi-tôt le maître ,
Si vous perdez , payez ; la loi l'ordonne ainsi.
     Si vous gagnez , sans plus remettre ,
     Payez , car vous avez signé
Promesse de payer au premier plaid gagné :
Vous y voilà. Je crois l'argument sans réponse.
Chacun attend alors que le juge prononce ,
     Et l'auditoire s'étonnait
     Qu'il n'y jetta pas son bonnet.
Le léopard rêveur prit enfin la parole :
Hors de cour , leur dit-il ; défense à l'écolier
     De continuer son métier ,
     Au maître de tenir école.

FABLE XV.

Le miroir de la Vérité.

Dans le beau siècle d'or , quand les premiers humains ,
     Au milieu d'une paix profonde ,
     Coulaient des jours purs et séreins ,
    La Vérité courait le monde

Avec son miroir dans les mains.
Chacun s'y regardait , et le miroir sincère
Retraçait à chacun son plus secret desir
          Sans jamais le faire rougir :
          Tems heureux , qui ne dura guère ;
L'homme devint bientôt méchant et criminel.
          La Vérité s'enfuit au ciel
En jettant de dépit son miroir sur la terre.
          Le pauvre miroir se cassa.
Ses débris qu'au hasard la chûte dispersa,
          Furent perdus pour le vulgaire.
Plusieurs siècles après , on en connût le prix :
Et c'est depuis ce tems que l'on voit plus d'un sage
          Chercher avec soin ces débris ,
Les retrouver par fois ; mais ils sont si petits ,
          Que personne n'en fait usage.
          Hélas ! le sage le premier
          Ne s'y voit jamais tout entier.

FABLE XVI.

Les deux Paysans et le Nuage.

Guillot , disait un jour Lucas
     D'une voix triste et lamentable ,
     Ne vois-tu pas venir là-bas
Ce gros nuage noir ? C'est la marque effroyable
Du plus grand des malheurs. Pourquoi ? répond
          Guillot.
-- Pourquoi ? Regarde donc ; ou je ne suis qu'un sot,
          Ou ce nuage est de la grêle
Qui va tout abîmer ; vigne, avoine, froment,
          Toute la recolte nouvelle
          Sera détruite en un moment.
Il ne restera rien , le village en ruine

Dans trois mois aura famine,
Puis la peste viendra, puis nous périrons tous.
La peste! dit Guillot: doucement, calmez-vous;
   Je ne vois point cela, compère:
Et, s'il faut vous parler selon mon sentiment,
    C'est que je vois tout le contraire;
   Car ce nuage assurément
Ne porte point de grêle, il porte de la pluie.
    La terre est sèche dès long-tems,
    Il va bien arroser nos champs:
Toute notre récolte en doit être embellie.
    Nous aurons le double de foin,
Moitié plus de froment, de raisins abondance;
    Nous serons tous dans l'opulence,
Et rien, hors les tonneaux, ne nous fera besoin.
C'est bien voir que cela! dit Lucas en colère.
Mais chacun a ses yeux, lui répondit Guillot.
--Oh! puisqu'il est ainsi, je ne dirai plus mot;
    Attendons la fin de l'affaire:
Rira bien qui rira le dernier. --Dieu merci,
    Ce n'est pas moi qui pleure ici.
Ils s'échauffaient tous deux; déjà, dans leur furie,
Ils allaient se gourmer, lorsqu'un souffle de vent
Emporta loin de là le nuage effrayant:
    Ils n'eurent ni grêle ni pluie.

FABLE XVII.

La Guenon, le Singe et la Noix.

Une jeune guenon cueillit
   Noix dans sa coque verte;
Elle y porte la dent, fait la grimace... Ah! certes,
   Dit-elle, ma mère mentit
Quand elle m'assura que les noix étaient bonnes.

Puis, croyez aux discours de ces vieilles personnes
Qui trompent la jeunesse ! Au diable soit le fruit !
Elle jette la noix. Un singe la ramasse,
  Vîte entre deux cailloux la casse,
  L'épluche, la mange et lui dit :
  Votre mère eut raison, ma mie,
Les noix ont fort bon goût ; mais il faut les ouvrir.
  Souvenez-vous que dans la vie,
Sans un peu de travail on n'a point de plaisir.

FABLE XVIII.

Don Quichotte.

CONTRAINT de renoncer à la chevalerie,
Don Quichotte voulut, pour se dédommager ;
  Mener une plus douce vie,
  Et choisit l'état de berger.
Le voilà donc qui prend panetière et houlette,
Le petit chapeau rond garni d'un ruban vert
  Sous le menton faisant rosette.
  Jugez de la grâce et de l'air
De ce nouveau Tircis ! Sur sa rauque musette
Il s'essaie à charmer l'écho de ces cantons,
  Achète au boucher deux moutons,
Prend un roquet galeux, et, dans cet équipage,
Par l'hyver le plus froid qu'on eût vu de long-tems,
Dispersant son troupeau sur les rives du Tage,
Au milieu de la neige il chante le printems.
Point de mal jusques là : chacun à sa manière
  Est libre d'avoir du plaisir.
Mais il vint à passer une grosse vachère ;
Et le pasteur, pressé d'un amoureux désir,
Court et tombe à ses pieds : O belle Timarette,
Dit-il, toi que l'on voit parmi tes jeunes sœurs

Comme le lis parmi les fleurs,
Cher et cruel objet de ma flamme secrette,
Abandonne un moment le soin de tes agneaux,
    Viens voir un nid de tourtereaux
    Que j'ai découvert sur ce chêne.
Je veux te les donner: hélas! c'est tout mon bien.
Ils sont blancs: leur couleur, Timarette, est la tienne;
Mais, par malheur pour moi, leur cœur n'est pas le
    tien.
    A ce discours, la Timarette,
    Dont le vrai nom était Fanchon,
Ouvre une large bouche, et, d'un œil fixe et bête,
    Contemple le vieux Céladon,
Quand un valet de ferme, amoureux de la belle,
Paraissant tout-à-coup, tombe à coups de bâton,
    Sur le berger tendre et fidèle,
    Et vous l'étend sur le gazon.
    Don Quichotte criait: Arrête,
    Pasteur ignorant et brutal:
Ne sais-tu pas nos lois? Le cœur de Timarette
Doit devenir le prix d'un combat pastoral;
Chante, et ne frappe pas. Vainement il l'implore;
L'autre frappait toujours, et frapperait encore
Si l'on n'était venu secourir le berger
    Et l'arracher à sa furie.
    Ainsi guérir d'une folie,
    Bien souvent ce n'est qu'en changer.

FABLE XIX.

Le Voyage.

PARTIR avant le jour, à tâtons, sans voir goutte,
Sans songer seulement à demander sa route,
Aller de chûte en chûte, et se traînant ainsi,

Faire un tiers du chemin jusqu'à près de midi;
Voir sur sa tête alors amasser les nuages,
Dans un sable mouvant précipiter ses pas,
Courir, en essuyant orages sur orages,
Vers un but incertain où l'on n'arrive pas;
Détrompé vers le soir, chercher une retraite,
Arriver haletant, se coucher, s'endormir:
On appelle cela naître, vivre, et mourir.
  La volonté de Dieu soit faite!

FIN DU LIVRE QUATRIÈME.

LIVRE CINQUIÈME.

FABLE PREMIÈRE,

Le Berger et le Rossignol.

A M. L'ABBÉ DELILLE.

O TOI, dont la touchante et sublime harmonie
Charme toujours l'oreille en attachant le cœur !
  Digne rival, souvent vainqueur
  Du chantre fameux d'Ausonie,
Delille! ne crains rien, sur mes légers pipeaux
Je ne viens point ici célébrer tes travaux,
Ni dans mes faibles vers parler de poésie.
  Je sais que l'immortalité
Qui t'est déja promise au temple de mémoire,
  T'est moins chère que ta gaîté;
Je sais que, méritant tes succès sans y croire,
Content par caractère et non par vanité,

Tu te fais pardonner ta gloire
A force d'amabilité :
C'est ton secret, aussi je finis ce prologue.
Mais du moins lis mon apologue ;
Et si quelque envieux, quelque esprit de travers,
Outrageant un jour tes beaux vers,
Te donnent assez d'humeur pour t'empêcher d'écrire
Je te demande alors de vouloir le relire.
Dans une belle nuit du charmant mois de mai,
Un berger contemplait du haut d'une colline,
La lune promenant sa lumière argentine
Au milieu d'un ciel pur, d'étoiles parsemé,
Le tilleul odorant, le lilas, l'aubépine,
Au gré du doux zéphir balançant leurs rameaux,
Et les ruisseaux dans les prairies
Brisant sur des rives fleuries
Le cristal de leurs claires eaux.
Un rossignol, dans le bocage,
Mêlait ses doux accens à ce calme enchanteur,
L'écho les répétait, et notre heureux pasteur,
Transporté de plaisir, écoutait son ramage.
Mais tout-à-coup l'oiseau finit ses tendres sons.
En vain le berger le supplie
De continuer ses chansons.
Non, dit le rossignol, c'en est fait pour la vie ;
Je ne troublerai plus ces paisibles forêts.
N'entends-tu pas dans ce marais
Mille grenouilles croassantes
Qui par des cris affreux insultent à mes chants ?
Je cède, et reconnais que mes faibles accens,
Ne peuvent l'emporter sur leurs voix glapissantes.
Ami, dit le berger, tu vas combler leurs vœux ;
Te taire est le moyen qu'on les écoute mieux :
Je ne les entends plus aussi-tôt que tu chantes.

FABLE II.
Les deux Lions.

Sur les bords africains, aux lieux inhabités
Où le char du soleil roule en brûlant la terre,
Deux énormes lions, de la soif tourmentés,
Arrivèrent au pied d'un rocher solitaire.
Un filet d'eau coulait, faible et dernier effort
    De quelque naïade expirante,
    Les deux lions courent d'abord
    Au bruit de cette eau murmurante.
Ils pouvaient boire ensemble ; et la fraternité,
Le besoin, leur donnait ce conseil salutaire :
    Mais l'orgueil disait le contraire,
    Et l'orgueil fut seul écouté.
Chacun veut boire seul : d'un œil plein de colère
    L'un l'autre ils vont se mesurant,
Hérissent de leur cou l'ondoyante crinière ;
De leur terrible queue ils se frappent les flancs,
Et s'attaquent avec de tels rugissemens,
Qu'à ce bruit, dans le fond de leur sombre tanière,
Les tigres d'alentour vont se cacher tremblans.
    Egaux en vigueur, en courage,
Ce combat fut plus long qu'aucun de ces combats
Qui d'Achille ou d'Hector signalèrent la rage ;
    Car les dieux ne s'en mêlaient pas.
Après une heure ou deux d'efforts et de morsures,
Nos héros fatigués, déchirés, haletans,
    S'arrêtèrent en même tems.
    Couverts de sang et de blessures,
    N'en pouvant plus, morts à demi,
Se traînant sur le sable, à la source ils vont boire :
Mais pendant le combat la source avait tari.

Ils expirent auprès....

Vous lisez votre histoire,

Malheureux insensés, dont les divisions,

L'orgueil, les fureurs, la folie,

Consument en douleurs le moment de la vie :

Hommes, vous êtes ces lions ;

Vos jours, c'est l'eau qui s'est tarie.

FABLE III.

La Colombe et son Nourrisson.

Une colombe gémissait

De ne pouvoir devenir mère :

Elle avait fait cent fois tout ce qu'il fallait faire

Pour en venir à bout, rien ne réussissait.

Un jour, se promenant dans un bois solitaire,

Elle rencontre un vieux nid

Un œuf abandonné, point trop gros, point petit,

Semblable aux œufs de tourterelle.

Ah ! quel bonheur s'écria-t-elle :

Je pourrai donc enfin couver,

Et puis nourrir, puis élever

Un enfant qui fera le charme de ma vie !

Tous les soins qu'il me coûtera,

Les tourmens qu'il me causera,

Seront encor des biens pour mon âme ravie :

Quel plaisir vaut ces soucis-là ?

Cela dit, dans le nid la colombe établie

Se met à couver l'œuf, et le couve si bien,

Qu'elle ne le quitte pour rien,

Pas même pour manger ; l'amour nourrit les mères.

Après vingt et un jours, elle voit naître enfin

Celui dont elle attend son bonheur, son destin,

Et ses délices les plus chères,
De joie elle est prête à mourir;
Auprès de son petit, nuit et jour elle veille,
L'écoute respirer, le regarde dormir,
      S'épuise pour le mieux nourrir.
      L'enfant chéri vient à merveille,
      Son corps grossit en peu de tems:
      Mais son bec, ses yeux et ses aîles,
      Diffèrent fort des tourterelles;
      La mère les voit ressemblans.
      A bien élever sa jeunesse
Elle met tous ses soins, lui prêche la sagesse,
Et sur-tout l'amitié, lui dit à chaque instant:
      Pour être heureux, mon cher enfant,
Il ne faut que deux points, la paix avec soi-même,
Puis quelques bons amis dignes de nous chérir.
La vertu de la paix nous fait seule jouir;
      Et le secret, pour qu'on nous aime,
C'est d'aimer les premiers, facile et doux plaisir.
      Ainsi parlait la tourterelle,
      Quand, au milieu de sa leçon,
      Un malheureux petit pinson,
Echappé de son nid, vient s'abattre auprès d'elle.
Le jeune nourrisson à peine l'apperçoit,
      Qu'il court à lui: sa mère croit
Que c'est pour le traiter comme ami, comme frère,
      Et pour offrir au voyageur
      Une retraite hospitalière.
Elle applaudit déjà : mais quelle est sa douleur,
Lorsqu'elle voit son fils, ce fils dont la jeunesse
N'entendit que leçons de vertu, de sagesse,
Saisir le faible oiseau, le plumer, le manger,
Et garder au milieu de l'horrible carnage,
Ce tranquille sang-froid: assuré témoignage

Que le cœur désormais ne peut se corriger !
Elle en mourut la pauvre mère.
Quel triste prix des soins donnés à cet enfant !
Mais c'était le fils d'un milan ;
Rien ne change le caractère.

FABLE IV.
L'Ane et la Flûte.

Les sots sont un peuple nombreux,
Trouvant toutes choses faciles :
Il faut le leur passer, souvent ils sont heureux ;
Grand motif de se croire habiles.
Un âne, en broutant ses chardons,
Regardait un pasteur jouant, sous le feuillage,
D'une flûte dont les doux sons
Attiraient et charmaient les bergers du bocage.
Cet âne mécontent disait : Ce monde est fou !
Les voilà tous, bouche béante,
Admirant un grand sot qui sue et se tourmente
A souffler dans un petit trou.
C'est par de tels efforts qu'on parvient à leur plaire,
Tandis que moi... Suffit... Allons-nous-en d'ici,
Car je me sens trop en colère.
Notre âne, en raisonnant ainsi,
Avance quelques pas, lorsque, sur la fougère,
Une flûte, oubliée en ces champêtres lieux
Par quelque pasteur amoureux,
Se trouve sous ses pieds. Notre âne se redresse,
Sur elle de côté fixe ses deux gros yeux ;
Une oreille en avant ; lentement il se baisse,
Applique son naseau sur le pauvre instrument,
Et souffle tant qu'il peut. O hasard incroyable !
Il en sort un son agréable.

L'âne se croit un grand talent,
Et tout joyeux s'écrie, en faisant la culbute !
Eh ! je joue aussi de la flûte !

FABLE V.

Le Paysan et la Rivière.

Je veux me corriger, je veux changer de vie,
Me disait un ami : dans des liens honteux
    Mon ame s'est trop avilie ;
J'ai cherché le plaisir, guidé par la folie,
Et mon cœur n'a trouvé que le remord affreux.
C'en est fait, je renonce à l'indigne maîtresse
Que j'adorais toujours sans jamais l'estimer ;
Tu connais pour le jeu ma coupable faiblesse,
    Eh bien ! je vais la réprimer ;
    Je vais me retirer du monde,
Et, calme désormais, libre de tous soucis,
    Dans une retraite profonde,
Vivre pour la sagesse et pour mes seuls amis.
    Que de fois vous l'avez promis !
    Toujours en vain, lui répondis-je.
Ça, quand commencez-vous ? — Dans huit jours
      sûrement.
--Pourquoi pas aujourd'hui ? Ce long retard m'afflige.
    — Oh ! je ne puis dans un moment
    Briser une si forte chaîne ;
Il me faut un prétexte ; il viendra, j'en réponds.
    Causant ainsi, nous arrivons
    Jusques sur les bords de la Seine
    Et j'apperçois un paysan
    Assis sur une large pierre,
Regardant l'eau couler d'un air impatient.

--L'ami, que fais-tu là ? --Monsieur pour une affaire
Au village prochain je suis contraint d'aller :
Je ne vois point de pont pour passer la rivière,
Et j'attends que cette eau cesse enfin de couler.
Mon ami, vous voilà, cet homme est votre image ;
Vous perdez en projets les plus beaux de vos jours :
Si vous voulez passer, jetez-vous à la nage ;
    Car cette eau coulera toujours.

FABLE VI.

Le Prêtre de Jupiter.

Un prêtre de Jupiter,
  Père de deux grandes filles,
  Toutes deux assez gentilles,
De bien les marier fit son soin le plus cher.
Les prêtres de ce tems vivaient de sacrifices,
  Et n'avaient point de bénéfices :
La dot était fort mince. Un jeune jardinier
Se présenta pour gendre ; on lui donna l'aîné.
  Bientôt après cet hyménée
La cadette devint la femme d'un potier.
A quelques jours de là, chaque épouse établie
  Chez son époux, le père va les voir.
  Bon jour, dit-il : je viens savoir
Si le choix que j'ai fait rend heureuse ta vie,
S'il ne te manque rien, si je peux y pourvoir.
  Jamais, répond la jardinière,
  Vous ne fîtes meilleure affaire :
La paix et le bonheur habitent ma maison ;
Je tâche d'être bonne, et mon époux est bon ;
  Il sait m'aimer sans jalousie,
  Je l'aime sans coquetterie :

Aussi tout est plaisir, tout jusqu'à nos travaux;
Nous ne désirons rien, sinon qu'un peu de pluie
　　　　Fasse pousser nos artichaux.
--C'est là tout?--Oui vraiment.--Tu seras satisfaite,
Dit le vieillard : demain je célèbre la fête
　　　De Jupiter; je lui dirai deux mots.
　　　　Adieu, ma fille. — Adieu mon père.
Le prêtre de ce pas s'en va chez la potière
　　　　L'interroger, comme sa sœur,
　　　　Sur son mari, sur son bonheur,
Oh! répond celle-ci, dans mon petit ménage,
　　　　Le travail, l'amour, la santé,
　　　　Tout va fort bien, en vérité;
Nous ne pouvons suffire à la vente, à l'ouvrage:
Notre unique desir serait que le soleil
Nous montrât plus souvent son visage vermeille
　　　　Pour sécher notre poterie.
　　　Vous, pontife du dieu de l'air,
Obtenez-nous cela, mon père, je vous prie:
　　　　Parlez pour nous à Jupiter.
　　　　— Très-volontiers, ma chère amie:
Mais je ne sais comment accorder mes enfans;
　　　　Tu me demandes du beau tems,
　　　　Et ta sœur a besoin de pluie.
Ma foi, je me tairai, de peur d'être en défaut.
Jupiter mieux que nous sait bien ce qu'il nous faut;
Prétendre le guider serait folie extrême:
Sachons prendre le tems comme il veut l'envoyer.
L'homme est plus cher aux dieux qu'il ne l'est à
　　　　lui-même;
　　　Se soumettre, c'est les prier.

FABLE VII.
Les deux Chauves.

Un jour deux chauves dans un coin
Virent briller certain morceau d'ivoire :
Chacun d'eux veut l'avoir; dispute et coups de poing.
Le vainqueur y perdit, comme vous pouvez croire,
Le peu de cheveux gris qui lui restait encor.
Un peigne était le beau trésor
Qu'il eut pour prix de sa victoire.

FABLE VIII.
Le Léopard et l'Ecureuil.

Un écureuil sautant, gambadant sur un chêne,
Manqua sa branche, et vint, par un triste hasard,
Tomber sur un vieux léopard
Qui faisait sa méridienne.
Vous jugez s'il eut peur! En sursaut s'éveillant,
L'animal irrité se dresse;
Et l'écureuil s'agenouillant
Tremble et se fait petit aux pieds de son altesse.
Après l'avoir considéré,
Le léopard lui dit : Je te donne la vie,
Mais à condition que de toi je saurai
Pourquoi cette gaîté , ce bonheur que j'envie ,
Embellissent tes jours, ne te quittent jamais :
Tandis que moi , roi des forêts.
Je suis si triste et je m'ennuie.
Sire, lui répond l'écureuil ,
Je dois à votre bon accueil
La vérité; mais , pour la dire ,
Sur cet arbre un peu haut je voudrais être assis.

—Soit, j'y consens: monte. — J'y suis.
A présent je peux vous instruire.
Mon grand secret, pour être heureux,
C'est de vivre dans l'innocence;
L'ignorance du mal fait toute ma science;
Mon cœur est toujours pur, cela rend bien joyeux.
Vous ne connaissez pas la volupté suprême
De dormir sans remords; vous mangez les chevreuils
Tandis que je partage à tous les écureuils
Mes feuilles et mes fruits ; vous haïssez et j'aime :
Tout est dans ces deux mots. Soyez bien convaincu
De cette vérité que je tiens de mon père:
Lorsque notre bonheur nous vient de la vertu,
La gaîté vient bientôt de notre caractère.

FABLE IX.
Pan et la fortune.

Un jeune grand seigneur à des jeux de hasard
Avait perdu sa dernière pistole,
Et puis joué sur sa parole;
Il fallait payer sans retard :
Les dettes du jeu sont sacrées.
On peut faire attendre un marchand,
Un ouvrier, un indigent,
Qui nous a fourni ses denrées;
Mais un escroc! L'honneur veut qu'au même moment
On le paye, et très-poliment.
La loi par eux fut ainsi faite.
Notre jeune seigneur, pour acquitter sa dette :
Ordonne une coupe de bois.
Aussi-tôt les ormes, les frênes,
Et les hêtres touffus, et les antiques chênes,
Tombent l'un sur l'autre à la fois.

Les faunes, les sylvains, désertent les bocages;
Les dryades en pleurs regrettent leurs ombrages;
  Et le dieu Pan, dans sa fureur,
Instruit que le jeu seul a causé ces ravages,
S'en prend à la fortune : O mère du malheur,
  Dit-il, infernale furie,
Tu troubles à la fois les mortels et les dieux !
Tu te plais dans le mal, et ta rage ennemie.....
  Il parlait, lorsque dans ces lieux
  Tout-à-coup paraît la déesse.
Calme, dit-elle à Pan, le chagrin qui te presse ;
  Je n'ai point causé tes malheurs:
Même aux jeux de hasard, avec certains joueurs,
 Je ne fais rien.— Qui donc fait tout ?— l'adresse,

FABLE X.

Le petit Chien.

La vanité nous rend aussi dupes que sots.
  Je me souviens à ce propos
Qu'au tems jadis, après une sanglante guerre
  Où malgré les plus beaux exploits:
  Maint lion fut couché par terre,
  L'éléphant régna dans les bois.
  Le vainqueur, politique habile,
  Voulant prévenir désormais
Jusqu'au moindre sujet de discorde civile,
De ses vastes états exila pour jamais
La race des lions, son ancienne ennemie.
L'édit fut proclamé. Les lions affaiblis,
Se soumettant au sort qui les avait trahis,
  Abandonnent tous leur patrie.
Ils ne se plaignent pas, ils gardent dans leur cœur
  Et leur courage et leur douleur.

Un bon vieux petit chien, de la charmante espèce,
De ceux qui vont portant jusqu'au milieu du dos
         Une toison tombante à flots,
         Exhalait ainsi sa tristesse :
Il faut donc vous quitter, ô pénates chéris !
         Un barbare, à l'âge où je suis,
M'oblige à renoncer aux lieux qui m'ont vu naître.
Sans appui, sans secours, dans un pays nouveau,
Je vais, les yeux en pleurs, demander un tombeau
         Qu'on me refusera peut être.
O tyran, tu le veux ! allons, il faut partir.
Un barbet l'entendit ; touché de sa misère,
Quel motif, lui dit-il, peut t'obliger à fuir ?
— Ce qui m'y force ? ô ciel ! Et cet édit sévère
Nous ? — Non pas vous, mais moi. Comment ! toi,
         mon cher frère ?
Qui nous chasse à jamais de cet heureux canton....?
Qu'as-tu donc de commun... ? Plaisante question !
         Eh ! ne suis-je pas un lion (1) ?

FABLE XI.

Le Chat et les Rats.

Un angora que sa maîtresse
     Nourrissait de mets délicats,
     Ne faisait plus la guerre aux rats ;
Et les rats, connaissant sa bonté, sa paresse,
Allaient, trottaient par-tout, et ne se gênaient pas
Un jour, dans un grenier, retiré, solitaire,
Où notre chat dormait après un bon festin,
     Plusieurs rats viennent dans le grain

(1) La petite espèce de chiens dont on veut parler,
porte le nom de chiens-lions.

Prendre leur repas ordinaire.
L'angora ne bougeait. Alors mes étourdis
Pensent qu'ils lui font peur; l'orateur de la troupe.
Parle des chats avec mépris.
On applaudit fort, on s'attroupe,
On le proclame général.
Grimpé sur un boisseau qui sert de tribunal:
Braves amis, dit-il, courons à la vengeance.
De ce grain désormais nous devons être las,
Jurons de ne manger désormais que des chats ;
On les dit excellens, nous en ferons bombance.
A ces mots, partageant son belliqueux transport,
Chaque nouveaux guerrier sur l'angora s'élance,
Et réveille le chat qui dort.
Celui-ci, comme on croit, dans sa juste colère,
Couche bientôt sur la poussière
Général, tribuns et soldats.
Il ne s'échappa que deux rats
Qui disaient, en fuyant bien vite à leur tanière:
Il ne faut point pousser à bout
L'ennemi le plus débonnaire ;
On perd ce que l'on tient, quand on veut gagner tout.

FABLE XII.
Le Crocodile et l'Esturgeon.

Sur la rive du Nil, un jour deux beaux enfans
S'amusaient à faire sur l'onde,
Avec des cailloux plats, ronds, légers et tranchans,
Les plus beaux ricochets du monde.
Un crocodile affreux arrive entre deux eaux,
S'élance tout-à-coup, happe l'un des marmots,
Qui crie et disparaît dans sa gueule profonde.
L'autre fuit, en pleurant son pauvre compagnon,

Un honnête et digne esturgeon,
Témoin de cette tragédie,
S'éloigne avec horreur, se cache au fond des flots,
Mais bientôt il entend le coupable amphibie
Gémir et pousser des sanglots :
Le monstre a des remords, dit-il : ô Providence,
Tu venges souvent l'innocence ;
Pourquoi ne la sauves-tu pas ?
Ce scélérat du moins pleure ses attentats ;
L'instant est propice, je pense,
Pour lui prêcher la pénitence :
Je m'en vais lui parler. Plein de compassion,
Notre saint homme d'esturgeon
Vers le crocodile s'avance :
Pleurez, lui cria-t-il, pleurez votre forfait ;
Livrez votre âme impitoyable
Aux remords, qui des dieux est le dernier bienfait,
Le seul médiateur entre eux et le coupable.
Malheureux ! manger un enfant !
Mon cœur en a frémi ; j'entends gémir le vôtre....
Oui, répond l'assassin, je pleure en ce moment
De regret d'avoir manqué l'autre.
Tel est le remords du méchant.

FABLE XIII.

La Tourterelle et la Fauvette.

Une fauvette, jeune et belle
S'amusait à chanter tant que durait le jour ;
Sa voisine la tourterelle
Ne voulait, ne savait rien faire que l'amour.
Je plains bien votre erreur, dit-elle à la fauvette ;
Vous perdez vos plus beaux momens :
Il n'est qu'un seul plaisir, c'est d'avoir des amans.

Dites-moi, s'il vous plait, qu'elle est la chansonnette
Qui peut valoir un doux baiser ?
Je me garderais bien d'oser
Les comparer, répondit la chanteuse :
Mais je ne suis point malheureuse,
J'ai mis mon bonheur dans mes chants.
A ce discours, la tourterelle
En se moquant s'éloigna d'elle.
Sans se revoir elles furent dix ans.
Après ce long espace, un beau jour de printems,
Dans la même forêt elles se rencontrèrent.
L'âge avait bien un peu dérangé leurs attraits ;
Long-tems elles se regardèrent
Avant que de pouvoir se remettre leurs traits.
Enfin la fauvette polie
S'avance la première : Eh ! bon jour, mon amie,
Comment vous portez-vous ? Comment vont les
amans !
— Ah ! ne m'en parlez pas, ma chère :
J'ai tout perdu, plaisirs, amis, beaux ans ;
Tout a passé comme une ombre légère.
J'ai cru que le bonheur était d'aimer, de plaire....
O souvenir cruel ! ô regrets superflus !
J'aime encore, on ne m'aime plus.
J'ai moins perdu que vous, répondit la chanteuse :
Cependant je suis vieille, et je n'ai plus de voix ;
Mais j'aime la musique, et suis encore heureuse
Lorsque le rossignol fait retentir ces bois.
La beauté : ce présent céleste,
Ne peut sans les talens échapper à l'ennui :
La beauté passe, un talent reste,
On en jouit même en autrui.

12

FABLE XIV.

La Sauterelle.

C'EN est fait , je quitte le monde ;
Je veux fuir pour jamais le spectacle odieux
Des crimes, des horreurs , dont sont blessés mes yeux.
 Dans une retraite profonde ,
  Loin des vices, loin des abus ;
Je passerai mes jours doucement à maudire
  Les méchans de moi trop connus.
  Seul ici-bas j'ai des vertus :
Aussi pour ennemis , j'ai tout ce qui respire,
Tout l'univers m'en veut ; homme, enfans, animaux,
  Jusqu'au plus petit des oiseaux,
  Tous sont occupés de me nuire.
Eh! qu'ai-je fait pourtant?...Que du bien. Les ingrats!
Ils me regretteront , mais après mon trépas.
Ainsi se lamentait certaine sauterelle ,
  Hipocondre et n'estimant qu'elle.
  Où prenez vous cela , ma sœur ?
  Lui dit une de ses compagnes:
Quoi ! vous ne pouvez pas vivre dans ces campagnes
En broutant de ces prés la douce et tendre fleur ,
Sans vous embarrasser des affaires du monde?
  Je sais qu'en travers il abonde:
Il fut ainsi toujours, et toujours il sera ;
Ce que vous en direz grand'chose n'y fera.
D'ailleurs, où vit-on mieux? Quand à votre colère
Contre ces ennemis qui n'en veulent qu'à vous ,
  Je pense, ma sœur entre nous ,
  Que c'est peut-être une chimère ,
Et que l'orgueil souvent donne ces visions.
Dédaignant de répondre à ces sottes raisons ,

La sauterelle part et sort de la prairie
Sa patrie.
Elle sauta deux jours pour faire deux cents pas.
Alors elle se croit au bout de l'hémisphère,
Chez un peuple inconnu, dans de nouveaux états;
Elle admire ces beaux climats,
Salue avec respect cette rive étrangère.
Près de là, des épis nombreux
Sur de longs chalumeaux, à six pieds de la terre,
Ondoyans et pressés, se balançaient entre eux.
Ah! que voilà bien mon affaire!
Dit-elle avec transport: dans ces sombres taillis
Je trouverai sans doute un désert solitaire;
C'est un asyle sûr contre mes ennemis.
La voilà dans le bled. Mais, dès l'aube suivante,
Voici venir les moissonneurs.
Leur troupe nombreuse et bruyante
S'étend en demi-cercle, et, parmi les clameurs,
Les ris, les chants des jeunes filles,
Les épis entassés tombent sous les faucilles,
La terre se découvre, et les bleds abattus
Laissent voir les sillons tout nus.
Pour le coup, s'écriait la triste sauterelle,
Voilà qui prouve bien la haine universelle
Qui par-tout me poursuit: à peine en ce pays
A-t-on su que j'étais, qu'un peuple d'ennemis
S'en vient pour chercher sa victime.
Dans la fureur qui les anime,
Employant contre moi les plus affreux moyens,
De peur que je n'échappe, ils ravagent leurs biens:
Ils y mettraient le feu, s'il était nécessaire.
Eh! messieurs, me voilà, dit-elle en se montrant;
Finissez un travail si grand,
Je me livre à votre colère.

Un moissonneur , dans ce moment ,
Par hasard la distingue , il se baisse , la prend ,
Et dit , en la jettant dans une herbe fleurie :
    Va manger , ma petite amie.

FABLE XV.

La Guêpe et l'abeille.

Dans le calice d'une fleur ,
La guêpe un jour voyant l'abeille ,
S'approche en l'appelant sa sœur.
Ce nom sonne mal à l'oreille
De l'insecte plein de fierté ,
Qui lui répond : Nous sœurs ! Ma mie.
Depuis quand cette parenté ?
Mais c'est depuis toute la vie ,
Lui dit la guêpe avec courroux :
Considérez - moi , je vous prie ;
J'ai des aîles tout comme vous ,
Même taille , même corsage ;
Et , s'il vous en faut davantage ,
Nos dards sont aussi ressemblans :
Il est vrai , répliqua l'abeille ,
Nous avons une arme pareille ,
Mais pour des emplois différens.
La vôtre sert votre insolence ,
La mienne repoûsse l'offense ;
Vous provoquez , je me défends.

FABLE XVI.

Le Hérisson et les lapins.

Il est certains esprits d'un naturel hargneux ,
    Qui toujours ont besoin de guerre ;

..s aiment à piquer, se plaisent à déplaire,
Et montrent pour cela des talens merveilleux.

Quand à moi, je les fuis sans cesse,
Eussent-ils tous les dons et tous les attributs ;
J'y veux de l'indulgence ou de la politesse ;
C'est la parure des vertus.

Un hérisson, qu'une tracasserie
Avait forcé de quitter sa patrie,
Dans un grand terrier de lapins
Vint porter sa misantropie.

Il leur conta ses longs chagrins,
Contre ses ennemis exala bien sa bile,
Et finit par prier les hôtes souterrains
De vouloir lui donner asyle.

Volontiers, lui dit le doyen :
Nous sommes bonnes gens, nous vivons commefrères,
Et nous ne connaissons ni le tien ni le mien ;
Tout est commun ici : nos plus grandes affaires
Sont d'aller, dès l'aube du jour,
Brouter le serpolet, jouer sur l'herbe tendre :
Chacun, pendant ce tems, sentinelle à son tour,
Veille sur le chasseur qui voudrait nous surprendre,
S'il l'apperçoit, il frappe, et nous voilà blottis.

Avec nos femmes, nos petits,
Dans la gaîté, dans la concorde,
Nous passons les instans que le ciel nous accorde.
Souvent ils sont prompts à finir ;
Les panneaux, les furets, abrègent notre vie,
Raison de plus pour en jouir.
Du moins par l'amitié, l'amour et le plaisir,
Autant qu'elle a duré, nous l'avons embellie :
Telle est notre philosophie.
Si cela vous convient, demeurez avec nous,

Et soyez de la colonie ;
Sinon, faites l'honneur à notre compagnie
D'accepter à dîner , puis retournez chez vous ;
  A ce discours plein de sagesse,
Le hérisson repart qu'il sera trop heureux
  De passer ses jours avec eux.
  Alors chaque lapin s'empresse
  D'imiter l'honnête doyen
  Et de lui faire politesse.
  Jusqu'au soir tout alla bien.
Mais lorsqu'après souper la troupe réunie
Se mit à deviser des affaires du tems ,
  Le hérisson de ses piquans
Blesse un jeune lapin. Doucement je vous prie ,
  Lui dit le père de l'enfant.
  Le hérisson , se retournant ,
En pique deux , puis trois , et puis un quatrième.
On murmure, on se fâche, on l'entoure en grondant.
Messieurs ; s'écria-t-il, mon regret est extrême ;
Il faut me le passer , je suis ainsi bâti ,
  Et je ne puis pas me refondre.
Ma foi , dit le doyen , en ce cas , mon ami ,
  Tu peux aller te faire tondre.

FABLE XVII.
Le Charlatan.

Sur le Pont-neuf, entouré de badauds ,
Un charlatan criait à pleine tête :
Venez , messieurs, accourez faire emplette
  Du grand remède à tous les maux :
  C'est une poudre admirable
  Qui donne de l'esprit aux sots,
De l'honneur aux fripons, l'innocence aux coupables ;

Aux vieilles femmes des amans,
Au vieillard amoureux une jeune maîtresse
Aux fous le prix de la sagesse
Et la science aux ignorans.
Avec ma poudre, il n'est rien dans la vie
Dont bientôt on ne vienne à bout ;
Par elle on obtient tout, on sait tout, on fait tout ;
C'est la grande encyclopédie.
Vîte je m'approchai pour voir ce beau trésor......
C'était un peu de poudre d'or.

FABLE XVIII.
Le Chien coupable.

Mon frère, sais-tu la nouvelle ?
Mouflar, le bon Mouflar, de nos chiens le modèle,
Si redouté des loups, si soumis au berger,
Mouflar vient, dit-on, de manger
Le petit agneau noir, puis la brebis sa mère,
Et puis sur le berger s'est jetté furieux.
— Serait-il vrai ?—Très-vrai, mon frère.
— A qui donc se fier, grands dieux !
C'est ainsi que parlaient deux moutons dans la plaine,
Et la nouvelle était certaine.
Mouflar, sur le fait même pris,
N'attendait plus que le supplice ;
Et le fermier voulait qu'une prompte justice
Effrayât les chiens du pays.
La procédure en un jour est finie.
Mille témoins pour un déposent l'attentat :
Recolés, confrontés, aucun d'eux ne varie ;
Mouflar est convaincu du triple assassinat :
Mouflar recevra donc deux balles dans la tête
Sur le lieu même du délit.

A son supplice qui s'apprête
Toute la ferme se rendit.
Les agneaux de Mouflar demandèrent la grace :
Elle fut refusée. On leur fit prendre place :
　　　　Les chiens se rangèrent près d'eux ,
Tristes, humiliés, mornes, l'oreille basse,
Plaignant sans l'excuser, leur frère malheureux.
Tout le monde attendait dans un profond silence.
Mouflar paraît bientôt, conduit par deux pasteurs :
Il arrive ; et, levant au ciel ses yeux en pleurs ,
　　　　Il harangue ainsi l'assistance :
O vous, qu'en ce moment je n'ose et je ne puis
Nommer, comme autrefois, mes frères, mes amis,
　　　　Témoins de mon heure dernière ,
Voyez où peut conduire un coupable désir !
De la vertu quinze ans j'ai suivi la carrière,
　　　　Un faux pas m'en a fait sortir.
Apprenez mes forfaits. Au lever de l'aurore,
Seul, auprès du grand bois , je gardais le troupeau ;
　　　　Un loup vient, emporte un agneau,
　　　　Et tout en fuyant le dévore.
Je cours, j'atteins le loup, qui, laissant son festin,
　　　　Vient m'attaquer : je le terrasse,
　　　　Et je l'étrangle sur la place.
C'était bien jusques-là : mais, pressé par la faim,
De l'agneau dévoré je regarde le reste,
J'hésite, je balance.... A la fin , cependant,
　　　　J'y porte une coupable dent :
Voilà de mes malheurs l'origine funeste !
　　　　La brebis vient dans cet instant,
　　　　Elle jette des cris de mère....
La tête m'a tourné, j'ai craint que la brebis
Ne m'accusât d'avoir assassiné son fils ;
　　　　Et pour la forcer à se taire,

Je l'égorge dans ma colère.
Le berger accourait armé de son bâton.
N'espérant plus aucun pardon,
Je me jette sur lui : mais bientôt on m'enchaîne,
Et me voici prêt à subir
De mes crimes la juste peine.
Apprenez tous du moins, en me voyant mourir ,
Que la plus légère injustice
Aux forfaits les plus grands peut conduire d'abord;
Et que , dans le chemin du vice,
On est au fond du précipice,
Dès qu'on met un pied sur le bord.

FABLE XIX.

Jupiter et Minos.

Mon fils , disait un jour Jupiter à Minos ;
Toi qui juges la race humaine ,
Explique-moi pourquoi l'enfer suffit à peine
Aux nombreux criminels que t'envoie Atropos.
Quel est de la vertu le fatal adversaire
Qui corrompt à ce point la faible humanité?
C'est, je crois, l'intérêt? —L'intérêt? Non, mon
père.
— Et qu'est-ce donc ? — L'oisiveté.

FABLE XX.

L'Auteur et les Souris.

Un auteur se plaignait que ses meilleurs écrits
Etaient rongés par les souris.
Il avait beau changer d'armoire ;
Avoir tous les piéges à rats,

Et de bons chats.
Rien n'y faisait : prose, vers, drame, histoire,
Tout était entamé ; les maudites souris
Ne respectaient pas plus un héros et sa gloire,
Ou le recit d'une victoire,
Qu'un petit bouquet à Cloris.
Notre homme au désespoir, et l'on peut bien m'en
croire,
Pour y mettre un auteur peu de chose suffit,
Jette un peu d'arsenic au fond de l'écritoire ;
Puis, dans sa colère, il écrit.
Comme il le prévoyait, les souris grignottèrent,
Et crevèrent.
C'est bien fait, direz-vous, cet auteur eut raison.
Je suis loin de le croire : il n'est point de volume
Qu'on ait mordu mauvais ou bon ;
Et l'on déshonore sa plume
En la trempant dans du poison.

FABLE XXI.

Le Dervis, la Corneille et le Faucon.

Un de ces pieux solitaires
Qui, détachant leur cœur des choses d'ici-bas,
Font vœu de renoncer à des biens qu'ils n'ont pas
Pour vivre du bien de leurs frères,
Un dervis en un mot, s'en allait mendiant
Et priant ;
Lorsque les cris plaintifs d'une jeune corneille,
Par des parens cruels laissée en son berceau,
Presque sans plume encor, vinrent à son oreille.
Notre dervis regarde, et voit le pauvre oiseau
Alongeant sur son nid sa tête demi-nue :

Dans l'instant, du haut de la nue.
Un faucon descend vers ce nid,
Et, le bec rempli de pâture,
Il apporte sa nourriture
A l'orpheline qui gémit.
O! du puissant Alla providence adorable!
S'écria le dervis : plutôt qu'un innocent.
Périsse sans secours, tu rends compatissant
Des oiseaux le moins pitoyable !
Et moi, fils du Très-Haut, je chercherais mon pain!
Non, par le prophête j'en jure,
Tranquille désormais, je remets mon destin
A celui qui prend soin de toute la nature.
Cela dit, le dervis, couché tout de son long,
Se met à bayer aux corneilles,
De la création admire les merveilles,
De l'univers l'ordre profond.
Le soir vint, notre solitaire
Eut un peu d'appétit en faisant sa prière :
Ce n'est rien, disait-il, mon souper va venir.
Le souper ne vient point. Allons, il faut dormir,
Ce sera pour demain. Le lendemain, l'aurore
Paraît, et point de déjeûner.
Ceci commence à l'étonner ;
Cependant il persiste encore,
Et croit à chaque instant voir venir son dîner.
Personne n'arrivait; la journée est finie,
Et le dervis à jeun voyait d'un œil d'envie.
Ce faucon qui venait toujours
Nourrir sa pupille chérie.
Tout-à-coup il l'entend lui tenir ce discours :
Tant que vous n'avez pu, ma mie,
Pourvoir vous-même à vos besoins,
De vous j'ai pris de tendres soins ;
A présent que vous voilà grande,

Je ne reviendrai plus. Alla nous recommande
    Les faibles et les malheureux ;
    Mais être faible ou paresseux,
    C'est une grande différence.
    Nous ne recevons l'existence
Qu'afin de travailler pour nous ou pour autrui.
De ce devoir sacré quiconque se dispense
    Est puni de la providence
    Par le besoin ou par l'ennui
Le faucon dit et part. Touché de ce langage,
Le dervis converti reconnaît son erreur,
    Et, gagnant le premier village,
    Se fait valet de laboureur.

ÉPILOGUE.

C'EST assez, suspendons ma lyre;
Terminons ici mes travaux :
Sur nos vices, sur nos défauts,
J'aurais encor beaucoup à dire ;
Mais un autre le dira mieux.
Malgré ses efforts plus heureux,
L'orgueil, l'intérêt, la folie,
Troubleront toujours l'univers ;
Vainement la philosophie
Reproche à l'homme ses travers ;
Elle y perd sa prose et ses vers.
Laissons, laissons aller le monde
Comme il lui plait, comme il l'entend ;
Vivons caché, libre et content,
Dans une retraite profonde.
Là, que faut-il pour le bonheur ?
La paix, la douce paix du cœur,

Le désir vrai qu'on nous oublie,
Le travail qui sait éloigner
Tous les fléaux de notre vie,
Assez de bien pour en donner,
Et pas assez pour faire envie,

FIN.

TABLE ALPHABÉTIQUE.

Fin de la Table.